Libro del profesor

Etapa 8
El blog

Nivel

B1.3

© **Editorial Edinumen**, 2010.
© **Autoras:** Anabel de Dios Martín y Sonia Eusebio Hermira.

ISBN: 978-84-9848-216-4
Dep. Legal: M-33590-2010

Coordinación editorial:
Mar Menéndez

Diseño de cubierta:
Carlos Casado

Maquetación:
Carlos Casado

Ilustraciones:
Carlos Casado y Olga Carmona

Fotografías:
Archivo Edinumen

Impresión:
Gráficas Glodami. Coslada (Madrid)

Editorial Edinumen
José Celestino Mutis, 4.
28028 Madrid
Teléfono: 91 308 51 42
Fax: 91 319 93 09
e-mail: edinumen@edinumen.es
www.edinumen.es

Todo el contenido de este libro lo puede encontrar en formato digital (PDF), de forma gratuita, en:

www.edinumen.es/eleteca

Para ello, regístrese y tendrá acceso, además, a futuras actualizaciones, materiales extras e información relacionada con el manual **Etapas**.

INCLUYE EXTENSIÓN DIGITAL

Accede a tus complementos interactivos extras en
www.edinumen.es/eleteca

Código de acceso: 98482164

Introducción a Etapas

Etapas es un curso de español cuya característica principal es su **distribución modular** y **flexible**. Basándose en un enfoque orientado a la acción, las unidades didácticas se organizan en torno a un objetivo o tema que dota de contexto a las tareas que en cada una de ellas se proponen.

Características:

■ **14 módulos** de **30 horas** correspondientes a los niveles A1, A2, B1 y B2 según las orientaciones del *Marco común europeo de referencia para las lenguas* (MCER) y su concreción en el nuevo *Plan curricular del Instituto Cervantes. Niveles de referencia* (PCIC).

■ Cada módulo presenta la opción de acortarse, si se prescinde de las actividades opcionales que se incluyen, o ampliarse, si se aprovecha el material extra, y ajustarse así a las necesidades particulares de cada grupo.

Se ofrece en los siguientes **itinerarios**:

■ Dos itinerarios estándar: **Etapas** y **Etapas Plus**, diseñado cada uno de ellos según una organización de contenidos y estructura específica.

■ **Mis Etapas a medida:** los módulos se pueden adaptar a las distintas necesidades y contextos de aprendizaje combinándolos para obtener los manuales más adecuados a cada centro.

Más información: comercial@edinumen.es y www.edinumen.es/misetapasamedida

1. Estructura y organización de contenidos

Los contenidos de **Etapas** se materializan en módulos que siguen una secuencia estructurada, dosificada y adecuada al tiempo recomendado para su aprendizaje y asimilación.

Cada nivel de **Etapas** aporta al docente:

■ unos contenidos y actividades fundamentales para trabajar en el aula, estructurados en bloques de 20 horas.

■ unos contenidos y actividades con otras 20 horas extras de materiales:

  – **Actividades extras** incorporadas en el **Libro del profesor**.

  – Actividades de la extensión digital en www.edinumen.es/eleteca cuyo código de acceso figura en el **Libro del alumno** correspondiente.

  – Actividades del **Libro de ejercicios**.

El profesor podrá decidir si desea trabajar con ellos a modo de refuerzo y complemento, o bien obviarlos en función del ritmo y necesidades de su grupo.

2. Las unidades didácticas, las tareas y las actividades

Las unidades de cada **Etapas** están organizadas en torno a un tema u objetivo final, que dota de coherencia y contexto a cada una de las actividades que las conforman, pudiendo así ofrecer al alumno espacios que le permitan **aprender español para usarlo**. Se proponen, así, tareas de aula ficticias (aprender **para usar**), pero no se olvida que la clase es una situación real con unos participantes que tienen una finalidad y que, por tanto, justifica la realización de actividades para la práctica y sistematización de contenidos lingüísticos (**aprender** para usar).

En **Etapas** las unidades contemplan, pues, los siguientes tipos de actividades:

- **Tareas**: actividades que permiten a los alumnos utilizar la lengua para conseguir un fin o resultado. En palabras del MCER: "Las tareas de aula de carácter 'pedagógico' se basan en la naturaleza social e interactiva del aula y en su inmediatez. En estas circunstancias, los alumnos acceden a participar en situaciones ficticias…". (**Aprender para la acción**).

- **Actividades de lengua** a través de interacciones orales y escritas, comprensiones auditivas, comprensiones lectoras, expresiones orales y escritas, con las que se pretende que el alumno sea capaz de conseguir las destrezas que el MCER determina para cada nivel en cada una de ellas. (**Aprender para usar**).

- **Actividades de aprendizaje** con las que se presentan y practican contenidos lingüísticos. (**Aprender**).

- **Actividades de reflexión** sobre el aprendizaje. (**Aprender a aprender**).

- **Juegos o actividades lúdicas.** (**Aprender divirtiéndose**).

3. La metodología

Como hemos podido ver, **Etapas** se basa en un **enfoque orientado a la acción**. Tiene una concepción comunicativa de la lengua y la creencia de que el aprendizaje es constructivo y significativo, y que infiriendo, deduciendo y relacionando formas y significados, usando y haciendo cosas con la lengua es como se aprende. El método o forma de conseguirlo dependerá de los gustos y estilos de aprendizaje de los alumnos: **Etapas** no sigue una metodología rígida y única. En **Etapas, Libro del profesor** se ofrecen alternativas, sugerencias y distintos itinerarios en las actividades, porque creemos que siempre es el profesor quien decide según las necesidades de sus alumnos. El **Libro de ejercicios** será utilizado por el alumno como apoyo a los contenidos de la unidad.

4. Los componentes

Cada nivel de **Etapas** se compone de:

- **Libro del alumno**, **Libro de ejercicios** en un volumen con **CD** de audiciones.

- En el **Libro del profesor** se incluyen, además de las sugerencias y explicaciones didácticas de las secuencias del **Libro del alumno**, las claves y transcripciones del **Libro del alumno** y del **Libro de ejercicios** y las fichas y material para transparencias que sirven al profesor para complementar y apoyar las explicaciones y actividades del **Libro del alumno**. El libro del profesor se encuentra también en formato electrónico con descarga gratuita en www.edinumen.es/eleteca.

- Los estudiantes pueden consultar las soluciones y transcripciones del **Libro de ejercicios** así como material complementario en la página web de Editorial Edinumen (www.edinumen.es/eleteca), de forma que este puede ser utilizado de forma independiente y autónoma, si los alumnos así lo desean.

Etapa 8: El blog

La bitácora sentimental

● ●

En esta Etapa se propone la creación de un blog a partir del cual se estructuran los contenidos y temas. El blog que se plantea es ficticio, pero si tiene posibilidades y lo cree interesante para su grupo, puede sugerir la creación de un blog real para realizar las actividades que se propondrán a lo largo de las cinco unidades.

1 Me gusta, no me gusta

● ●

En este epígrafe se presenta el uso del presente de subjuntivo para expresar gustos. Se parte del verbo *gustar*, conocido por los estudiantes desde niveles bajos, para posteriormente presentar otros verbos que tienen la misma morfología.

1.1. Haga esta actividad después de invitar a los alumnos a que se presenten con sus nombres. No es necesario, en ese momento, pedirles más información personal, ya que este ejercicio sirve para conocerse. Pregunte a sus alumnos si saben lo que es un blog, si ellos tienen uno o si han participado en alguno. Presénteles el blog que van a conocer en esta Etapa. Pídales que se fijen en las imágenes que utiliza Ángel Azul para su presentación y pregúnteles qué tipo de persona se imaginan que es: sexo, profesión, edad, gustos, etc. Adviértales que Ángel Azul es un alias, un *nick*.

1.1.1. Modelo que pueden utilizar los estudiantes para presentarse al resto de los compañeros. Invítelos a que lean la información que nos da Ángel Azul en la transparencia 1 y pídales que comenten sus datos con las especulaciones e hipótesis que habían formulado en la actividad anterior.

Transparencia 1. *Ángel Azul.*

1.1.2. Haga la actividad en grupo clase.

1.2. La actividad ofrece el contexto y los modelos de lengua de las estructuras que se presentan en esta secuencia. La tarea del ejercicio trata de motivar la lectura, pero la dificultad puede estar en que los alumnos no conozcan los datos que tienen que completar, es por esta razón que proponemos la siguiente dinámica: ponga a los alumnos en parejas y dígales que tienen dos minutos para intentar resolver la actividad. Pasado este tiempo, cuelgue las imágenes de la ficha 1 por la clase y explíqueles que en ellas tienen la solución. Pídales que se levanten y déjeles de nuevo dos minutos para comprobar y corregir sus respuestas.

1. b, Isaac Newton; **2.** f, *La vida de Brian*; **3.** a, *La pantera rosa*; **4.** d, Woody Allen; **5.** g, Andy Warhol; **6.** h, Auguste Rodin; **7.** i, mecano; **8.** e, *Cien años de soledad*; **9.** j; **10.** c, Miguel Mihura.

Ficha 1. *Me gusta, no me gusta.*

1.2.1. Actividad de reflexión, que recuerda la morfología de este tipo de verbos y que presenta el uso del verbo en subjuntivo cuando el sujeto es una oración.

subjuntivo, me, te, le, nos, os, les; subjuntivo.

1.2.2. Práctica de lenguaje. Presente la actividad retomando el personaje de *La pantera rosa*, que salió en la actividad 1.2. Pregúnteles qué saben de este personaje y anticípeles los datos que le ponemos debajo para proporcionarles conocimientos que pueden necesitar para comprender la entrada de Mauro, aunque posteriormente se propone una actividad de comprensión lectora para deducir conocimientos culturales. Asegúrese de que conocen el significado de la palabra *bollo*. En la corrección, pídales que lean la información que se les proporciona en el cuadro de atención. Explíqueles, si lo cree necesario, que ese uso del pronombre *se* se denomina: dativo posesivo.

1. acaben; **2.** me gusta, haya; **3.** llamen; **4.** me gustan; **5.** me gusta, se ponga; **6.** miren; **7.** me gustan; **8.** dejen, manchen, dejen; **9.** llamen.

> La pantera rosa es un personaje de animación que encarna a un ladrón de joyas y que se enfrenta al torpe inspector Clouseau. Está basado en un dibujo animado de los créditos de la película de Blake Edwards titulada con el mismo nombre, en la que la pantera rosa era un diamante de gran valor. Tras el estreno, el dibujo ocupó la portada de la revista *Time*. Esto llevó a los productores a plantearse la viabilidad del personaje como dibujo animado independiente de la película. En 1964 ganó el Oscar al mejor corto de animación.
>
> Más información en http://www.comics.com.ve/cartoon/pantera_rosa.asp

1.2.3. Las frases de Mauro llevan asociados algunos comportamientos culturales. Las preguntas están formuladas con la intención de que los estudiantes se fijen en ellos e intenten deducirlos. La finalidad es que, en la puesta en común, estos queden presentados y, si interesa a la clase, se hable sobre ellos.

1. Rosa; **2.** De policías y ladrones; **3.** A los españoles les gusta mucho mojar el pan en las salsas y en el huevo frito, sobre todo; **4.** Porque normalmente somos conscientes de lo que no nos gusta de nuestro cuerpo.

> La marca Bimbo dio a conocer al personaje principal de *La pantera rosa* a través de su pastelito hace más de 40 años. Durante todos estos años, Bimbo ha mantenido el producto de bollería en el mercado adaptándolo a los cambios de diseño que la pantera ha ido experimentando. Es el único producto que tiene chocolate de color rosa.

1.2.4. y **1.2.5.** Dígales que escriban la entrada en una página en blanco, porque se tratará posteriormente de adivinar a quién pertenece esa página. Corrija los errores que vea. Vuélvalas a repartir, de manera que a cada estudiante le toque una diferente a la suya. Pida que las lean en alto y anime a que adivinen quién la ha escrito. Si ha creado un blog digital, pídales que, una vez corregidas, lo utilicen para escribir las entradas y ampliarlas.

1.3. **Actividad opcional.** Secuencia de actividades en la que se presenta un contenido cultural (una escena de la obra de teatro *Tres sombreros de copa* de Miguel Mihura) y se trabajan las destrezas comunicativas. Muestre la imagen de la transparencia 2 con el cartel de la obra *Tres sombreros de copa* y motive la actividad con las preguntas que vienen en el libro.

Tres sombreros de copa, de Miguel Mihura; A Ángel Azul le encanta que *Tres sombreros de copa* sea considerada una obra rara.

 Transparencia 2. *Tres sombreros de copa.*

I.3.I. y I.3.2. Actividad de compresión lectora, en la que se propone al estudiante participar en la "redacción" de una de las escenas de *Tres sombreros de copa*. Se ha elegido este fragmento por su comicidad, al tiempo que muestra la esencia de la obra. Anime a los alumnos a que, en parejas, completen libremente el texto de la ficha 2. Haga un primer ejemplo en grupo clase para motivarles y darles ideas; hágales ver que Don Rosario se está refiriendo a las mejoras en un hotel. Puede explicarles que *Rosario* en la actualidad es un nombre de mujer, pero que originalmente se refería a hombres. Ponga en común las respuestas de los alumnos y pase a la siguiente actividad.

> **Miguel Mihura** (Madrid, 1905-1977) fue un escritor y periodista español. Tuvo un reconocimiento tardío, solo estrenó con regularidad a partir de la década de los cincuenta. En 1932 escribió *Tres sombreros de copa*, que no publicó hasta 1947, y no fue representada hasta 1952. Se trata de una comedia considerada como una de las obras maestras del teatro humorístico y que anticipa algunos aspectos del teatro del absurdo; en ella se enfrentan el mundo de las restricciones y convencionalismos y el de la libertad y la imaginación, tema que será constante en su obra.

Ficha 2. *Tres sombreros de copa.*

I.3.3. Proyecte la transparencia 3 con las palabras y frases de los espacios en blanco de la actividad, tapando con un folio el texto completo. Pida a los alumnos que, entre todos, las coloquen en el lugar correspondiente. Es muy probable que resuelvan el ejercicio correctamente, pero, en cualquier caso, descubra la versión original para que puedan compararla con las suyas. Aproveche la interacción oral que pueda originarse para hablar de la obra y/o del autor.

Transparencia 3. *Dionisio y Don Rosario.*

I.4. Actividad que, junto con la siguiente, pueden incorporar al blog digital, en el caso de existir. Pida que completen el cuadro individualmente.

I.4.I. Divida a la clase en tríos y pídales que compartan la información. Anímelos a que, de todos los datos de todos los compañeros del grupo, elijan uno (la película, la serie, el libro, etc.) para escribir una reseña sobre él. Explíqueles que para redactarla pueden seguir la estructura que se les propone en el libro.

2 Siento, no siento

En este epígrafe se tratan los verbos y estructuras para expresar sentimientos y se reflexiona sobre el uso del presente de subjuntivo.

2.I. Secuencia de actividades que introduce y trabaja con el significado de los verbos de sentimiento que se presentan posteriormente. Pida a los alumnos que lean las palabras de la caja y las asocien con los sentimientos que tratan de mostrar las fotos; utilice estas imágenes como ayuda para explicarles el significado del léxico que no conozcan. Tenga en cuenta que algunos de estos significados están muy próximos (*ira, rabia, odio*) por lo que su asociación a una determinada fotografía puede variar.

Posible asociación: **1.** alegría; **2.** tristeza; **3.** odio; **4.** ira/rabia; **5.** enfado; **6.** preocupación; **7.** miedo.

2.1.1. Proyecte la transparencia 4 en la que, a partir de unas imágenes, se describen diferentes situaciones, e involucre a los alumnos con sus sentimientos, historias y opiniones. La actividad, además de provocar una pequeña interacción oral, sirve de introducción y de pre-enseñanza del vocabulario necesario para la audición posterior, en 2.2.1. Pregunte a sus alumnos qué representan las situaciones y dígales la palabra o expresión en el caso de que ninguno la conozca; deje que expresen el sentimiento que les produce y que describan la situación personal en la que les ha pasado algo parecido. A continuación, en forma de solución, ponemos las palabras que interesa presentar a partir de las imágenes.

Transparencia 4. *¿Qué sentimiento?*

1. Empujones en el metro; **2.** Grifos abiertos, el ruido de las gotas; **3.** Hacer cola; **4.** Llevar paraguas; **5.** Operación (quirúrgica); **6.** Los despertadores por la mañana; **7.** Familia unida/feliz; **8.** Atascos; **9.** Tormenta/mal tiempo; **10.** El otoño/la paz/la melancolía.

2.2. Esta actividad sirve de contexto a la siguiente, en la que se presentan los modelos de lengua de las estructuras para expresar sentimientos. Introduzca la actividad haciendo mención a la figura de Pitágoras. Pregúnteles si saben quién era y qué significa la imagen que tienen en el blog (es el Teorema de Pitágoras: la ley de la hipotenusa). Contextualice el ejercicio diciéndoles que las palabras subrayadas se han intercambiado de sitio, pídales que las coloquen en el lugar adecuado. Asegúrese de que conocen: *yate* y *mansión*. Corrija la actividad y, entre todos, interpreten el significado de las frases. Introduzca, a partir de la petición de participación de Pitágoras, la siguiente actividad.

1. temores; **2.** deseos; **3.** felicidad; **4.** miedo.

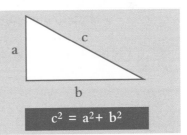

Teorema de Pitágoras, la ley de la hipotenusa: en un triángulo rectángulo, el cuadrado de la hipotenusa es igual a la suma de los cuadrados de sus catetos. La figura ilustra este teorema.

$$c^2 = a^2 + b^2$$

2.2.1. Contextualice la audición presentando a los personajes: dígales que participan en el blog con un mensaje de voz, como respuesta a la pregunta de Pitágoras. Esta primera parte, de escucha general, introduce únicamente los verbos de sentimiento, por eso, pídales que ahora solo presten atención al tipo de sentimiento que transmite el verbo: positivo o negativo. La segunda columna la completarán en la siguiente actividad. Déjeles, primero, que lean las frases para resolver posibles problemas de significado.

Sole: **a.** –; **b.** –; **c.** +; **d.** –; **e.** –. Ramón: **a.** +; **b.** +. Lucía: **a.** –; **b.** –; **c.** –; **d.** –. Luis: **a.** +; **b.** –; **c.** –; **d.** –. Chelo: **a.** –; **b.** –.

2.2.2. Pida a los alumnos que vuelvan a escuchar la grabación para completar la segunda columna de la actividad anterior. Se trata de una escucha selectiva en la que se fija el léxico que forma parte de las diferentes expresiones de sentimientos que se sistematizan en la actividad siguiente.

Sole: **a.** pena; **b.** rabia; **c.** contenta; **d.** molesta; **e.** enferma. Ramón: **a.** bien; **b.** alegro. Lucía: **a.** nerviosa; **b.** soporto; **c.** nerviosa; **d.** molesta. Luis: **a.** buen; **b.** soporto; **c.** rabia; **d.** nervioso. Chelo: **a.** triste; **b.** miedo.

2.2.3. Entregue fotocopias de la ficha 3 con la transcripción de la grabación anterior. Pida a los alumnos que lean la reflexión lingüística del libro y la completen con los ejemplos extraídos de la audición. Aclare todas las dudas que puedan tener los estudiantes.

1. ¡Qué nerviosa me pongo cuando hablo con un contestador!; **2.** Me alegro de que alguien quiera hablar de sentimientos; **3.** No soporto que se dejen un grifo medio abierto; **4.** Me pone enferma que tengamos que hacer cola para todo; **5.** Me molesta que me empujen en el metro; **6.** Me da mucha pena que pase el tiempo; **7.** Me da rabia que me llamen y no me dejen mensajes; **8.** ¡Qué bien que nos pidas que te contemos nuestras penas y nuestras alegrías!; **9.** Me molesta que el despertador suene todas las mañanas; **10.** Me da rabia que el mal tiempo me estropee los planes; **11.** Me pone nervioso que la gente siempre esté contenta; **12.** Me pone triste que la vida sea tan difícil; **13.** Me da miedo que las noticias nos dejen indiferentes; **14.** Me pone muy nerviosa estar acostada y escuchar el ruido de las gotas; **15.** Me pone de buen humor asomarme por la ventana y ver el sol; **16.** No soporto llevar paraguas.

 Ficha 3. *¿Qué te hace feliz?*

Actividad extra: recomendamos hacer esta actividad antes de continuar con la secuencia de actividades para trabajar la expresión de sentimientos. Es un ejercicio lúdico que puede servir para dinamizar y hacer descansar a los alumnos, al tiempo que refuerzan la entonación. La dinámica es la siguiente:

1.º Ponga a los alumnos en parejas, recorte los estados de ánimo y sentimientos de la ficha 4 y entregue uno a cada pareja, advirtiéndoles que solo ellos deben saber lo que les ha tocado.

2.º Proyecte la transparencia 5 con pequeños diálogos y pida a cada pareja que elijan uno.

3.º Explíqueles que deben representar el diálogo elegido con el estado de ánimo o sentimiento que se les ha asignado. Déjeles un tiempo para que lo preparen y ensayen.

4.º Anímelos a que lo representen para el resto (desde su sitio, si así lo prefieren) y pida a la clase que adivine el estado de ánimo que están expresando.

 Ficha 4. *Estados de ánimo y sentimiento.*

 Transparencia 5. *Diálogos.*

2.3. Actividad que pueden incorporar al blog digital, en el caso de existir. Contextualice la secuencia diciéndoles que vamos a participar en el blog respondiendo a la pregunta de Pitágoras. Pídales que, individualmente, completen las frases escribiendo el verbo que refleje su sentimiento (*me molesta*, *no soporto*, *me alegro...*). Adviértales que deben fijarse en la estructura que sigue (verbo en subjuntivo, *cuando* + indicativo, etc., para elegir la estructura correcta). Mientras los alumnos están resolviendo la actividad, circule por la clase para corregir posibles errores.

2.3.1. Anímelos a que busquen en la clase a compañeros que coincidan o tengan sentimientos similares a los suyos ante las anteriores situaciones. Pídales que se levanten y que se pregunten entre ellos, tal y como se les muestra en el ejemplo. Explíqueles que, cuando encuentren a un compañero con el que coincidan, escriban su nombre en la columna de la derecha de 2.3.

2.4. **Actividad opcional.** Haga esta actividad si considera necesario que los alumnos continúen trabajando la forma de las estructuras de sentimiento. Motive la actividad preguntándoles si hay en la actualidad alguna noticia o hecho que les haya producido de una manera especial algún tipo de sentimiento, positivo o negativo. Entrégueles la ficha 5 con una nueva entrada en el blog de Ángel Azul e invítelos a que lean las noticias. Pídales que resuelvan la actividad en parejas.
1. Violencia en el deporte (fútbol); **2.** Adaptaciones de películas; **3.** Futuro de la Tierra.

Ficha 5. *Noticias que revuelven.*

2.4.1. Motive la actividad pidiendo a los alumnos que relacionen los tres elementos de las columnas para contestar a la pregunta que se les formula: *¿Ángel Azul está a favor o en contra de las adaptaciones de películas?* Tenga en cuenta que no hay una solución única.

Ficha 6. *Noticias con sentimientos.*

A. 1. b. 1; **2.** a. 3; **3.** c. 2. **B. 1.** c. 2; **2.** a/b. 1; **3.** a/b. 3. **C. 1.** b. 1; **2.** c. 3; **3.** a. 2.

2.4.2 Actividad que pueden incorporar al blog digital, en el caso de existir. Anime a los alumnos a participar en el concurso que propone Ángel Azul. Divida a la clase en dos grupos y proyecte la transparencia 6 donde aparecen las instrucciones. Pídales que, apoyándose en las ideas que ofrece Ángel Azul, elaboren el mayor número de frases que expresen sentimientos.

Transparencia 6. *Concurso de sentimientos.*

2.4.3. Ponga en común los resultados. Gana el grupo que más frases correctas haya conseguido.

3 | Argumentar

En este epígrafe se trabaja con los conectores y estructuras para confeccionar un texto argumentativo.

3.1. Introduzca la actividad con la entrada de Carena, en la transparencia 7. Pídales que interpreten las imágenes y guíe la interacción oral para que los alumnos lleguen a la siguiente conclusión: una pareja que está enamorada, él le propone matrimonio, ella lo rechaza y él se queda triste y decepcionado.

Transparencia 7. *Carena y sus problemas.*

3.1.1. Contextualice el texto que deben escribir los alumnos con el consejo que JP da a Carena en el blog. Ponga a los alumnos en parejas y pídales que se fijen en el cuadro con los conectores que pueden usar.

3.1.2. Intercambie las cartas de los alumnos para que ellos mismos revisen y corrijan los textos de los compañeros. En la ficha 7 se acompaña una guía para revisar y corregir borradores, fotocópiela y entregue una a cada pareja.

Ficha 7. *Guía para mejorar borradores.*

> La guía es una adaptación de Hopkins y Whitlock, citados por Richards en *Estrategias de reflexión sobre la enseñanza de idiomas*, 1990, Colección Cambridge de didáctica de lenguas. Editorial Edinumen.

4 | Tu blog

4.1. **Actividad opcional.** Actividad que pueden incorporar al blog digital, en el caso de existir. Anime a los estudiantes a que hagan un escrito de temática libre a partir de las ideas que les haya podido sugerir la unidad.

I — La universidad europea

En este epígrafe se presentan los autores del blog que se hace en esta unidad. Son estudiantes Erasmus, por tanto se introduce información sobre este programa para contextualizar.

I.I. Comienza aquí una secuencia de integración de destrezas. En este punto se lleva a cabo un trabajo de prelectura activando los conocimientos previos de los estudiantes. Pídales que compartan toda la información que tengan sobre el programa Erasmus. Igualmente, anímelos a contar alguna experiencia, propia o ajena, relacionada con este programa.

I.I.I. Actividad de comprensión lectora. Diga a sus alumnos que, para ampliar información sobre este programa, van a leer un texto. Emparéjelos y pídales que completen los espacios con información que ellos consideren lógica.

1. países de la Unión Europea; **2.** aprobado el primer año de su carrera; **3.** beca; **4.** dominio suficiente; **5.** prácticas.

I.I.2. Actividad de comprensión auditiva. Presente a los interlocutores del diálogo que van a escuchar: dos estudiantes extranjeros. La chica va a participar en el programa Erasmus y responde a las preguntas que hace el chico sobre este programa. Dígales que comprueben si los datos que han escrito en el apartado anterior coinciden con los que se dan en la audición. Si lo considera oportuno, puede realizar dos escuchas.

I.2. y I.2.I. Actividad cuya finalidad es presentar a los seis estudiantes creadores de La bitácora europea. Proyecte la transparencia 8 y pregunte a sus alumnos qué les sugiere. Guíe sus intervenciones para llegar a la conclusión de que es un mapa de Europa y que recrea una red social (en este caso similar a *twittervision*). Recuerde que han hablado del programa Erasmus y que hay un gran número de chinchetas sobre España; pregúnteles por qué creen que es así (son las ciudades de destino de varios estudiantes Erasmus). Dirija entonces su atención sobre las chinchetas rojas y hágales llegar a la conclusión de que son los países de los estudiantes que vendrán a España. Dígales que estos estudiantes se han conocido antes de su viaje en una red social a través de Internet. Recorte las tarjetas de la ficha 8 y repártalas entre sus estudiantes. Pídales que completen la tabla con los datos que puedan conocer a través de la tarjeta que les ha correspondido. Pasee por la clase para comprobar que lo han hecho correctamente. A continuación, invítelos a levantarse de su silla para preguntar a sus compañeros la información que les falta. Cuando tengan toda la tabla completa, realice una puesta en común en grupo clase. Para realizarla, puede apoyarse de nuevo en la transparencia 8, relacionando las chinchetas rojas con las azules y poniendo nombre al estudiante que hará ese viaje.

1. Maarten, Holanda, Zaragoza; **2.** Chiara, Italia, Alicante; **3.** Sonia, Bélgica, Madrid; **4.** Linda, Suecia, Granada; **5.** Karl, Alemania, Bilbao; **6.** Apostolis, Grecia, Sevilla.

 Transparencia 8. *Redes de estudiantes.*

 Ficha 8. *Estudiantes Erasmus.*

2 Nuestras ciudades

Este epígrafe está dedicado a las grandes ciudades. Se presenta léxico relacionado con el mobiliario urbano y se trata el tema de los problemas de las ciudades. Se aprovecha para introducir, si sus alumnos tienen interés en ello, las reglas básicas de acentuación.

2.1. Comprensión lectora para contextualizar las actividades que se hacen esta unidad. Se da a conocer el blog con el que se trabajará. Llame la atención de sus alumnos sobre el título "La bitácora europea", pregúnteles por qué creen que se llama así. Después, pida que lean el texto para responder a las tres preguntas que se hacen en el libro del alumno.

1. Chiara, Karl, Sonia, Apostolis, Maarten y Linda; **2.** Practicar el español y conocer las ciudades europeas; **3.** Para aprender vocabulario de objetos de la ciudad.

2.2. Presentación del léxico de mobiliario de las ciudades. Recorte las tarjetas de la ficha 9 (con anverso y reverso) y repártalas entre los estudiantes. Invítelos a identificar de manera individual las imágenes que se muestran en ellas y a ensayar la pronunciación de las palabras, que usted comprobará que es correcta. Pídales que se levanten y que muestren a sus compañeros las imágenes que les han correspondido, al mismo tiempo que pronuncian las palabras (escritas en el reverso de la ficha). Se trata de una actividad en la que son los propios alumnos los que se enseñan el vocabulario entre ellos. Anime a que se corrijan la pronunciación si es necesario.

 Ficha 9A y 9B. *¿Qué hay en esta ciudad?*

2.2.1. Para fijar el léxico anterior, estimule a sus estudiantes para que evoquen una imagen relacionada con las palabras recogidas y que la dibujen en el cuadro correspondiente.

2.3. Actividad de escucha para trabajar la acentuación de las palabras. Están ya señaladas las sílabas tónicas que tienen acento gráfico; pida a sus alumnos que escuchen y que marquen la sílaba tónica de las palabras que no tienen tilde.

car**tel**, alcanta**ri**lla, fa**ro**la, conte ne**dor**, pape**le**ra, **fuen**te, reci**cla**je, **ban**co, marque**si**na, jardi**ne**ra, co**rre**os.

2.3.1. Actividad opcional que recomendamos hacer si sus alumnos están interesados en aprender las reglas de acentuación. Divida la clase en parejas y anímelos a observar las palabras de la actividad 2.3. para completar las explicaciones. En la puesta en común aclare las dudas que puedan surgir.

1. n; **2.** s; **3.** tercera.

2.3.2. Práctica de comprobación de las explicaciones anteriores. Dígales que clasifiquen, en parejas, las palabras de la actividad 2.3. En la puesta en común llame la atención sobre que la mayoría de las palabras en español son llanas (explicación que aparece en el cuadro de *Observa*).

Agudas: cartel, contenedor, buzón; **Llanas:** alcantarilla, farola, papelera, fuente, reciclaje, banco, marquesina; jardinera, correos; **Esdrújulas:** semáforo, parquímetro.

2.4. Comprensión lectora cuyo objetivo es generar el léxico útil para hablar de los problemas en las ciudades al mismo tiempo que se contextualiza el tema. Despierte el interés de sus alumnos guiándolos hacia el tema, puede utilizar la imagen del gráfico que aparece en la entrada del blog. Pregúnteles: *¿Qué es esto? ¿De qué trata? ¿Qué relación creéis que tiene con Apostolis, el estudiante que escribe esta entrada?* Cuando haya llegado a que el estudiante griego estudia estadística en Sevilla y ha hecho una encuesta para averiguar la preocupación de los ciudadanos por los problemas de esta ciudad, pídales que completen el texto basándose en los resultados del gráfico.

1. el tráfico; **2.** la vivienda; **3.** El desempleo; **4.** la inseguridad; **5.** la suciedad; **6.** transporte público.

2.4.1. Para aumentar el vocabulario relacionado con los problemas de las ciudades, fotocopie la ficha 10 y entregue una a cada alumno. Contextualícela y explique que algunos estudiantes han comentado la entrada de Apostolis. Pídales que lean los comentarios y que piensen de qué problema están hablando. Indíqueles que pueden anotarlo en el espacio que tienen debajo de cada texto. Le recomendamos que preenseñe *(persona) sin techo*.

 Ficha 10. *Problemas de ciudad.*

1. Contaminación acústica; **2.** Los sin techo; **3.** Falta de zonas verdes; **4.** Contaminación atmosférica; **5.** Residuos.

2.4.2. Anime a sus alumnos a que expliquen ahora los problemas que creen que hay en sus ciudades. Déjeles unos minutos para pensar, si lo necesitan.

Actividad extra. Se trata de una comprensión auditiva (pista 13 del CD de audio) de la canción *Pongamos que hablo de Madrid* de Joaquín Sabina. Ofrezca a sus alumnos la información que le parezca interesante sobre el cantautor. Fotocopie la ficha 11 y reparta una a cada alumno. Antes de realizar el primer punto es conveniente que confirme que conocen los significados de *jeringuilla*, *partir* (*irse*) y *estufa*. Pida a sus estudiantes que completen las frases con las palabras que encabezan la actividad. Invítelos a comprobar si lo han hecho bien escuchando la canción. Adviértales que las frases están en el mismo orden en que van a escucharlas en la canción. Haga una segunda escucha con la tarea que aparece en el tercer apartado de la actividad: identificar problemas en la canción. Para terminar, anímelos a que comenten si piensan que Madrid y sus propias ciudades han cambiado mucho o siguen teniendo los mismos problemas.

 Ficha 11. *Pongamos que hablo de Madrid.*

1. a. ginebra; **b.** Las estrellas; **c.** una estufa; **d.** un metro; **e.** una jeringuilla; **f.** sitio; **3. a.** Las estrellas se olvidan de salir; **b.** Hay una jeringuilla en el lavabo; **c.** A los niños les da por perseguir el mar dentro de un vaso de ginebra; **d.** Aquí no queda sitio para nadie; **e.** El sol es una estufa de butano; **f.** La vida es un metro a punto de partir.

> Joaquín Sabina nació en Jaén en 1949, pero está muy ligado a Madrid, ciudad en la que ha pasado la mayor parte de su vida. Ha compuesto diferentes canciones en las que se menciona esta ciudad. *Pongamos que hablo de Madrid* se publicó por primera vez en el álbum *Malas compañías* del año 1980. Sabina compuso esta canción con Antonio Sánchez. Dos años después, Antonio Flores versionó la canción y la hizo famosa.

3 Causas y consecuencias

En el mismo contexto de ciudades y haciendo hincapié en el tema medioambiental se presentan algunos conectores para expresar causa y consecuencia.

3.1. Para introducirse en el tema de ciudades desde un punto de vista medioambiental, pida a los alumnos que comenten con la clase las cuestiones que aparecen en el libro.

3.2. Comienza una secuencia de actividades cuyo objetivo es introducir algunos exponentes para expresar desconocimiento en el pasado. Diga a sus alumnos que van a leer una nueva entrada en el blog, en esta ocasión del estudiante holandés. Rételos a recordar en qué ciudad española está estudiando Maarten (en Zaragoza). Infórmelos de que la ciudad es diferente a lo que él pensaba, y pídales que realicen una primera lectura general para saber si la sorpresa es negativa o positiva.

Es una sorpresa positiva.

3.2.1. Actividad de lectura selectiva. Guíe a los estudiantes para que localicen las expresiones que se piden en la actividad y así poder sistematizar el contenido presentado.

1. No sabía que (podría utilizar la bici); No tenía ni idea; **2.** Hasta ayer no supe que (Zaragoza tiene varios puntos limpios).

3.2.2. Actividad de práctica de lenguaje. Pida a sus alumnos que produzcan mensajes similares con información referida a la ciudad donde están estudiando español.

3.3. Comprensión lectora que sirve de muestra de lengua para presentar los conectores de causa y consecuencia. El texto es un comentario de Apostolis a la entrada anterior. Haga la primera lectura con la tarea de comprensión que se propone: ayudar a Apostolis con algunas palabras de un texto sobre Sevilla que ha encontrado. Dígales a los alumnos que relacionen las palabras marcadas en el texto con las que tienen el mismo significado de las que se ofrecen al final del texto.

1. peatonalizar; **2.** galardón; **3.** residuos; **4.** cuenta con.

3.3.1. Sistematización de los conectores causales y consecutivos. Empareje a los alumnos para que vuelvan a leer el texto anterior y que focalicen su atención en los conectores subrayados. Pídales que piensen si introducen una causa o una consecuencia y que los clasifiquen en la tabla. Hágales ver que tienen otras opciones en cada columna. Llame la atención sobre el uso de *como*, que siempre aparece al principio de la frase y expresa una causa conocida.

Causa: dado que, como, puesto que. Consecuencia: de manera que, por esta razón, por eso.

3.4. Práctica de lenguaje a través de una comprensión auditiva. Contextualice de nuevo apoyándose en La bitácora europea, blog en el que Sonia ha cargado un archivo sonoro con información sobre Madrid. Antes de realizar la primera escucha, le recomendamos que preenseñe *carretera de circunvalación* y *hora punta*. Pida a sus alumnos que intenten completar la tabla con la causa o la consecuencia, según corresponda. Probablemente será conveniente que ponga la audición dos veces y realizar la segunda escucha con pausas. Antes de pasar a la siguiente actividad, compruebe que han anotado bien la información.

1. Se hizo una gran reforma en la carretera de circunvalación más antigua; **2.** Se enterró la parte de esta autovía que va en paralelo al río Manzanares; **3.** Se decidió hacer una playa junto al río; **4.** Se aumentaron las zonas verdes y los carriles bici; **5.** Fomenta el transporte público; **6.** La red de metro ha crecido mucho/se han abierto muchas líneas.

3.4.1. Diga a sus alumnos que tienen que unir con un conector las ideas que han quedado en el cuadro. Tenga en cuenta que hay muchas posibilidades, le recomendamos que haga un ejemplo con los alumnos de la primera frase mostrando diferentes opciones. Si ha creado el blog digital, pídales a sus estudiantes que redacten una entrada hablando de los problemas de sus ciudades (o de la ciudad en la que viven) y de los cambios que han sufrido haciendo hincapié en las causas y las consecuencias.

4 Si vas a mi ciudad

Epígrafe dedicado a las recomendaciones, en el que se repasa la estructura de *Si* + presente de indicativo, imperativo.

4.1. Presentación de lenguaje a través de una comprensión lectora, una vez más un texto extraído del blog. En esta ocasión es Chiara, la estudiante italiana que está en Alicante, la que escribe esta entrada. Informe a sus alumnos de que la ciudad en la que vive esta italiana es Bolonia. Active sus conocimientos sobre esa ciudad y pregunte si la conocen o qué información tienen sobre ella. Motive diciendo que Chiara nos da algunas recomendaciones para visitar su ciudad y que van a leer el texto para ampliar información y clasificar esos consejos en las cuatro categorías que se proponen: monumentos, ocio, gastronomía y fiestas.

Monumentos: visitar la universidad, observar los edificios con tejados rojos y plazas estrechas del casco antiguo, visitar la Basílica di San Petronio y la Basílica di Santo Stefano; **Ocio:** ir a los bares y discotecas del centro; **Gastronomía:** pedir *tortellini* a la boloñesa, beber una copa de vino Sangiovese; **Fiestas:** no perderse la fiesta Erasmus de los jueves en la Plaza de Verdi.

4.1.1. Sistematización de la estructura presentada en el texto de 4.1. Guíe a sus alumnos hacia la observación para que puedan completar el esquema. Si sus alumnos tuvieran problemas para recordar la forma del imperativo positivo y negativo, haga un repaso con ellos. Igualmente, haga con ellos la reflexión de que las frases de prohibición utilizan subjuntivo cuando se personaliza el verbo (*Se prohíbe que los visitantes coman*), pero que podrían ponerse en infinitivo para referirse a un sujeto general (*Se prohíbe comer*).

1. *Si* + presente de indicativo ➔ imperativo; *vas, visita; te gustan, no dejes;* **2.** *Se prohíbe que los visitantes coman cerca de los monumentos; A la mayoría de la gente le da igual que no se pueda comer.*

4.2. Comprensión lectora que da lugar a una práctica de lenguaje. Despierte el interés de sus alumnos diciendo que vamos a conocer otras dos ciudades, las de Linda y Karl. Dígales que son de Lund (Suecia) y Colonia (Alemania), respectivamente. Anímelos a compartir, si la tienen, información sobre esas ciudades. Recorte las tarjetas de la ficha 12 y fíjelas en las paredes del aula. Cada tarjeta está identificada con una letra, dígales que se levanten para leerlas y que escriban las letras en la caja correspondiente, según se refiera la recomendación a monumentos, ocio, gastronomía, fiestas o prohibiciones.

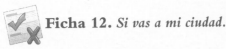 **Ficha 12.** *Si vas a mi ciudad.*

1. a, g, j, m, n; **2.** b, f, i, l; **3.** e; **4.** c, k; **5.** d, h.

4.2.1. y 4.2.2. Después de corregir la actividad anterior, haga dos columnas en la pizarra. Una encabezada con la palabra Lund y la otra con Colonia. Pida a sus alumnos que cojan las recomendaciones de las tarjetas y que las peguen en la columna adecuada según su opinión. Anímelos a hacer sus propias conjeturas. Cuando ya estén correctamente clasificadas, divida la clase en dos grupos. Asigne al primero la tarea de escribir las recomendaciones para visitar Lund y al segundo, Colonia. Invítelos a que si conocen algo más, lo añadan. Termine la actividad haciendo una puesta en común.

Lund: b, c, g, h, j, l, m; Colonia: a, d, e, f, i, k, n.

4.3. y 4.3.1. Actividad comunicativa con una producción escrita. Dé unos minutos a los estudiantes para que piensen en recomendaciones para ir a sus ciudades. Ayúdelos diciendo que pueden pensar en los temas que han visto en las actividades anteriores. Realice la actividad oral en grupo clase. Pídales que sirvan de consejeros para los futuros estudiantes Erasmus que quieran ir a sus ciudades. Con tal fin, anímelos a escribir una entrada para el blog con texto que sirva de guía de recomendaciones. Si ha hecho un blog digital, lleve esta actividad a la web.

4.4. y 4.4.1. Actividad opcional. Interacción oral a raíz de un test con opiniones sobre la efectividad del programa Erasmus. Pídales que contesten de manera individual al test y que comparen a continuación sus respuestas con la clase.

5 Tu blog

5.1. Actividad opcional. Actividad que pueden incorporar al blog digital, en el caso de existir. Anime a los estudiantes a que hagan un escrito de temática libre a partir de las ideas que les haya podido sugerir la unidad.

La bitácora curiosa

 Trabajos raros

En este epígrafe, a partir del contenido temático, se reflexiona sobre diferentes aspectos lingüísticos: *para/para que*, uso del condicional para expresar las hipótesis en el futuro y diferencias entre adverbios interrogativos y relativos.

1.1. Secuencia de actividades en la que se presentarán los modelos de lengua para reflexionar sobre el uso de *para* y *para que* para expresar la finalidad. Utilice la entrada del blog para motivar e introducir el tema de la secuencia (trabajos considerados raros). De esta manera creará el interés hacia la siguiente actividad. Pida a los alumnos que, en grupo clase, contesten a la pregunta que hace Perico. Si ha creado un blog digital, anímelos a que creen comentarios con las ideas que hayan salido en clase.

1.1.1. Presente la actividad y anímelos a que imaginen, y describan, en qué pueden consistir estos trabajos. No les dé la solución ya que esta se ofrece en la siguiente actividad. Preenseñe: *buzo*.

1.1.2. Pida a los estudiantes que relacionen la información que nos da Penélope con los trabajos anteriores. En los textos se ofrecen las muestras de lengua para trabajar en la actividad siguiente.

1. Modelos de pies; **2.** Inspectores de dados; **3.** Médicos de muñecas; **4.** Inspectores de patatas fritas; **5.** Ojeadores de toros; **6.** Buzos de pelotas de golf.

1.2. Pídales que, a partir de la información de los textos anteriores, completen el cuadro.

Para + infinitivo; *Para que* + presente de subjuntivo.

1.3. Secuencia de actividades que integra las destrezas comunicativas y con la que se repasa el uso de diferentes adverbios interrogativos, a la vez que se introduce el condicional para expresar hipótesis en el futuro. Involucre a los estudiantes con la entrada del blog y despierte el interés por la convocatoria de trabajo.

> El anuncio pertenece a una campaña publicitaria de 2009 del estado australiano de Queensland. En ella, y con la finalidad de promocionar turísticamente la isla Hamilton, la gran barrera de coral y las playas tropicales de la costa del estado de Queensland, se ofrecía el trabajo de cuidador y animador de la isla. Los candidatos debían diseñar y enviar un vídeo promocional. El ganador se comprometía a relatar sus experiencias en la isla en un blog creado a tal efecto.
>
> El ganador del concurso fue el británico Ben Southall. Parece ser que, a pocos días de de concluir su cometido, tuvo un grave accidente: sufrió una seria picadura de una medusa a la que, finalmente, pudo sobrevivir.
>
> Para más información: http://www.islandreefjob.com/

1.3.1. Distribuya a los alumnos en parejas para realizar la actividad. En la puesta en común, aproveche las preguntas de los alumnos para corregir aquellos errores que frecuentemente cometen en cuanto a los adverbios interrogativos y el uso de las preposiciones.

1.3.2. Anime a los estudiantes a buscar las respuestas a sus preguntas anteriores con la lectura del anuncio. Resuelva los problemas de vocabulario que puedan tener.

1.3.3. La actividad introduce el uso del condicional para expresar hipótesis en el futuro. Aproveche la entrada del blog para provocar una interacción oral con sus alumnos, que se ampliará con ejercicios más pautados en 1.3.5. y 1.3.6.

1.3.4. Actividad que sistematiza el contenido presentado anteriormente. Si lo considera necesario, en la ficha 13 le ofrecemos la morfología del condicional. Haga fotocopias y repártaselas a los alumnos.

condicional.

 Ficha 13. *El condicional.*

1.3.5. Práctica de lenguaje. Pida a los alumnos que lean las opciones y que marquen, individualmente, aquellas con las que se identifiquen. Haga que completen el test con nuevas situaciones.

1.3.6. Haga una puesta en común de la actividad anterior. Pídales que se fijen en el ejemplo para que les sirva como modelo textual. Como ha podido observar, en él se está utilizando una estructura de segunda condicional con presente de indicativo. Este es un uso muy extendido en la lengua oral por lo que no debe preocuparse ahora por la necesidad del imperfecto de subjuntivo.

1.4. En esta secuencia se utiliza el tipo de trabajo de uno de los participantes del blog (consultor gramatical) para tratar algunos aspectos lingüísticos que los alumnos, al llegar a este nivel, probablemente ya hayan interiorizado, por lo que es conveniente hacer una reflexión consciente. Motive la actividad pidiéndoles que resuelvan la adivinanza, pero no les ofrezca la solución ya que la tendrán en la comprensión auditiva de la actividad siguiente. Deje que lean las frases y que le pregunten las dudas de vocabulario.

Consultor gramatical.

1.4.1. Contextualice la grabación explicando a los alumnos que van a escuchar la conversación entre Angona y otro participante. Pídales que comprueben sus respuestas anteriores. La grabación servirá, asimismo, para introducir las siguientes actividades.

1.4.2. Actividad opcional. En la ficha 14 (A, B y C) se ofrecen tres textos con la información correspondiente a los tres libros. Se propone una dinámica de aprendizaje cooperativo denominada "grupo de expertos". Divida a la clase en tres grupos (A, B y C) y dé a cada alumno la fotocopia correspondiente a su ficha. Ponga a trabajar en parejas del mismo grupo a los estudiantes para que se ayuden con los problemas de vocabulario. Explíqueles que deben leer su texto, seleccionar la información que para ellos es más importante y hacer un resumen con sus palabras. A continuación, redistribuya la clase en tríos (un alumno del grupo A, otro del B y otro del C) y pídales que se cuenten (no lean) la información seleccionada. Explíqueles el significado de las siglas RAE (Real Academia de la Lengua).

 Ficha 14 (A, B y C). *Gramática y diccionarios de la RAE.*

I.4.3. Actividad que desarrolla en los estudiantes una estrategia cognitiva de aprendizaje. Ponga a los alumnos en grupos de cuatro y anímelos a que intenten dar respuesta a las preguntas lingüísticas que plantean a Angona.

> Las estrategias cognitivas constituyen un grupo de estrategias de aprendizaje (los otros tres grupos son las estrategias comunicativas, las metacognitivas y las socio-afectivas). Consisten en actividades y procesos mentales que los aprendientes realizan de manera consciente o inconsciente; con ellas mejoran la comprensión del lenguaje, su asimilación, su almacenamiento en la memoria, su recuperación y su posterior utilización. El estudio de este tipo de estrategias nace del interés de la psicología cognitiva por la forma en que las personas comprenden el mundo que les rodea, aprenden de su experiencia y resuelven problemas.
>
> En el aprendizaje de una nueva lengua el aprendiente tiene que llegar a comprender, por un lado, el contenido de los mensajes que recibe y los textos que lee y, por otro, nuevas reglas y nuevos patrones lingüísticos. En ambos casos, la mente del aprendiente realiza una actividad y experimenta unos procesos muy similares de procesamiento y almacenamiento de la información obtenida; además, en el primer caso, la aplicación de estrategias cognitivas se combina eficazmente con la de estrategias comunicativas.
>
> *CVC. Diccionario de términos clave de ELE*
> http://cvc.cervantes.es/ensenanza/biblioteca_ele/diccio_ele/diccionario

I.4.4. Ponga en común las respuestas de los alumnos y ofrézcales usted las explicaciones oportunas para corregir o complementar las de los estudiantes.

Las dos primeras preguntas tienen que ver con la diferencia entre los adverbios relativos y los adverbios interrogativos. Los últimos se diferencian de los primeros porque en el lenguaje escrito llevan tilde y en la lengua oral por la entonación. Los adverbios relativos expresan lugar (*donde*), tiempo (*cuando*) y modo (*como*). En **1.** el uso de subjuntivo se explica por el antecedente no conocido al que se refiere el adverbio relativo. En **2.** la frase introducida por el adverbio relativo se refiere a un antecedente conocido (*la parte*). **3.** con, por, de. Explique que el interrogativo debe recuperar la preposición ligada al verbo (*quedar con, ir por, son de*).

Actividad extra. Proponga a los alumnos simular que pueden entrar en la página de Angona para preguntar aquellas dudas que tengan sobre el español. Haga la actividad de la siguiente manera: divida a la clase en parejas y pídales que piensen en tres dificultades o problemas que tengan con el español y que elaboren las preguntas con los ejemplos. Explíqueles que usted las recogerá para agrupar aquellas que puedan estar relacionadas o sean similares. Esto le permitirá leerlas con tranquilidad y pensar en las explicaciones que pueden necesitar los estudiantes. Al día siguiente, lleve las preguntas de los alumnos organizadas por temas (si tiene medios, haga una transparencia con ellas) y haga una puesta en común. Anime a la clase a que busquen explicaciones y, finalmente, ofrezca usted las soluciones. Si ha creado un blog digital, pídales que participen en él con aquellas cuestiones que les hayan resultado más interesantes.

2 Prioridades

En este epígrafe se propone el trabajo con diferentes actividades comunicativas de la lengua con las que se desarrollan las diferentes destrezas.

2.1. Actividad que presenta e introduce el tema para desarrollar la interacción oral de la siguiente. Pida a los alumnos que, individualmente, en la primera pregunta, ordenen de más a menos sus prioridades relacionadas con el trabajo ideal. En el segundo apartado, deben pensar y escribir las cinco profesiones o trabajos que consideren más duros (pueden pensar en horarios, dificultad, responsabilidad, esfuerzo físico...). Explíqueles usted una profesión que, desde su punto de vista, sea de las más duras para que les sirva como modelo. Si le parece interesante, puede implementar esta y la siguiente actividad utilizando la dinámica denominada "lista de prioridades".

> La lista de prioridades es una actividad cuya dinámica propicia una discusión en pirámide, propia del aprendizaje cooperativo, y cuyo desarrollo es el siguiente:
>
> 1.º Los alumnos, individualmente, establecen su lista de prioridades.
>
> 2.º Se divide la clase el tríos y deben organizar un nuevo orden que muestre las coincidencias de la mayoría.
>
> 3.º Se amplían los grupos juntando dos tríos y vuelven a ordenar la lista.
>
> 4.º Se lleva la discusión al grupo clase para terminar con una lista que refleje la opinión de la generalidad.

2.1.1. Si no ha utilizado la dinámica de la "lista de prioridades", ponga a los alumnos en parejas para hacer la actividad. Si ha creado un blog digital, pídales que hagan una entrada y que cuenten y argumenten sus prioridades sobre el tema de estas dos actividades.

2.1.2. Actividad de comprensión auditiva. Esta primera tarea requiere una escucha selectiva. Probablemente deba poner la audición dos veces por si los alumnos no han tenido tiempo para escribir al tiempo que oyen.

¿Qué le pides a un trabajo? ¿Cómo sería tu trabajo ideal?: **1.** tipo de trabajo; **2.** horario; **3.** dinero/salario; **4.** vacaciones; **5.** proximidad. ¿Qué cinco trabajos te parecen más duros?: **1.** camarero; **2.** peluquero; **3.** dependiente; **4.** taquillero; **5.** policía de tráfico.

2.1.3. En esta ocasión la escucha es más intensiva, deben fijarse en las razones por las que ha considerado duras las profesiones anteriores. Ponga, si es necesario, la audición dos veces.

1. Camarero: normalmente tiene que trabajar los fines de semana; **2.** Peluquero: pasa muchas horas de pie; **3.** Dependiente: tiene una jornada laboral partida; **4.** Taquillero: normalmente está muchas horas en un espacio muy pequeño; **5.** Policía de tráfico: corre el peligro de que le atropellen los coches.

Actividad extra. Si quiere ofrecer a los alumnos información sobre la jornada laboral en España, le ofrecemos la secuencia de actividades de la ficha 15. Le sugerimos que siga los siguientes pasos:

1.º Para motivar y activar los conocimientos previos de los alumnos, introduzca la actividad preguntando: *¿Qué sabéis de las condiciones laborales en España: horarios, tipos de contrato, vacaciones...?* Pídales que lo comenten con la clase.

2.º Presente el contenido cultural a través la comprensión auditiva que puede encontrar en la pista 14 del CD de esta Etapa. Contextualice diciendo que un español nos va a dar información sobre las condiciones laborales en España. Explique la tarea de completar el esquema de la ficha 15. Realice la primera audición, tras la cual, anime a los estudiantes a comparar sus notas. Ponga la grabación por segunda vez y haga alguna pausa para dar tiempo a los estudiantes para escribir. Haga la puesta en común después de haberles dado de nuevo la oportunidad de comparar en parejas. Dé las explicaciones necesarias si algún aspecto no ha quedado claro.

3.º Pida a sus alumnos que observen el esquema anterior y que piensen en las semejanzas y diferencias con sus países. Anímelos a que comenten esa información con sus compañeros en grupo abierto para saber en qué país se parecen más las condiciones laborales a España.

4.º Si le parece oportuno, puede terminar la actividad proponiendo un debate con el tema *¿Jornada intensiva o completa?* Pida a sus alumnos que piensen en los aspectos positivos y negativos de ambas. Déjeles un tiempo para pensar y proceda a llevar a cabo el debate. Si lo cree conveniente, recuerde las frases útiles que utilizamos en los debates y que aparecieron en la unidad 3 de la *Etapa* 7 y que le ofrecemos en transparencia.

Si ha creado un blog digital, dígales que pueden hacer una entrada describiendo la jornada laboral en su país y escribir su opinión sobre el tipo de jornada que prefieren.

Ficha 15. *La jornada laboral.*

1. indefinido; **2.** eventual: **a)** por obra y servicio, **b)** temporal; **3.** de prácticas; **4.** cuarenta; **5.** 77%; **6.** siete u ocho horas, treinta minutos; **7.** ocho, dos; **8.** treinta, doce.

Transparencia 9. *Recomendaciones para hacer un debate.*

2.2. Motive la actividad con la imagen que aparece en el libro y que ofrecemos en transparencia con el fin de focalizar la atención, y pida a los alumnos que la interpreten. Ana María trata de ser cortés, pero su pensamiento muestra un sentimiento totalmente contrario. Llame la atención sobre el trabajo de Ana María (atención al cliente) y cree el interés sobre las siguientes actividades con estas preguntas: *¿Creéis que los clientes solemos ser bastante exigentes? ¿Qué es para vosotros un "buen servicio" por parte de la empresa?*

Transparencia 10. *Atención al cliente.*

2.2.1. y 2.2.2. De nuevo proponemos una lista de prioridades para crear una interacción oral. Pida que, individualmente, ordenen la lista según su opinión para, posteriormente, hacer una puesta en común. Anime a los estudiantes a que justifiquen sus respuestas.

2.2.3. Actividad opcional. En la ficha 16 se ofrece un ejercicio de comprensión lectora con el tema: "Tipos de clientes". Ponga a los alumnos en parejas para hacer la actividad y posteriormente haga una corrección grupal. Preenseñe la palabra *quejica*.

Ficha 16. *Tipos de clientes.*

2. 1. a; **2.** e; **3.** d; **4.** c; **5.** f; **6.** b.

3 Anécdotas en el trabajo

En este epígrafe se reflexiona sobre la conjunción concesiva *aunque* + indicativo para expresar hechos que el hablante considera importantes.

3.1. Introduzca la actividad animándoles a que se aventuren y especulen qué tipo de anécdotas pueden haberles ocurrido a estas personas según el tipo de trabajo que tienen. Una vez creado el interés, pídales que lean las historias. Explíqueles que deben relacionar la anécdota con la profesión que aparece en el libro, escribiendo el nombre del protagonista.

1. Pedro; **2.** Marcos; **3.** Merche; **4.** Elisabeth.

3.1.1. Actividad de reflexión. Pida a los estudiantes que, primero, lean la explicación que aparece en su libro y que, después, vuelvan a leer las anécdotas y resuelvan la actividad. Antes de hacer una puesta en común y solucionar los problemas o completar las explicaciones del libro, ponga a los alumnos en parejas para que comparen sus respuestas y se ayuden entre ellos. Si lo considera necesario, en función de su grupo –del nivel y del tipo de alumnos– puede adelantarles un contenido que se ampliará en el siguiente nivel, siguiendo las orientaciones del PCIC: el uso del subjuntivo con *aunque*. Dígales que, cuando se trata de una información a la que el hablante quiere quitar importancia, este usará la frase en subjuntivo: *aunque el trabajo sea un poco aburrido, aunque hable bastante bien el inglés...*

1. Su trabajo es agobiante; **2.** El trabajo es un poco aburrido; **3.** Habla bastante bien el español; **4.** Tiene un montón de anécdotas.

3.1.2. Provoque una interacción oral a partir de la actividad anterior. Deje unos minutos a los estudiantes para que piensen en las respuestas. Si ha creado un blog digital, pídales que colaboren con una entrada en la que cuenten anécdotas en el trabajo.

4 Tu blog

4.1. **Actividad opcional.** Actividad que pueden incorporar al blog digital, en el caso de existir. Anime a los estudiantes a que hagan un escrito de temática libre a partir de las ideas que les haya podido sugerir la unidad.

Planes y proyectos

En este epígrafe se recuerda el uso del futuro imperfecto, se presentan exponentes relacionados con los planes y los proyectos y la estructura *cuando* + presente de subjuntivo.

1.1. Actividad de precalentamiento para introducir el tema. Distribuya a la clase en parejas. Pídales que ordenen los referentes temporales referidos al futuro, empezando por el más cercano al presente (*mañana*) y escríbalo en la pizarra; esto les servirá a los estudiantes como ejemplo. Corrija en grupo clase y haga la siguiente actividad: recorte las frases de la ficha 17, pida a un estudiante que salga al centro de la clase, entréguele una tarjeta y explíquele que transmita el mensaje de la frase a través de la mímica para que sus compañeros lo adivinen. Si lo considera necesario, haga usted el primer ejemplo para todos los alumnos.

Mañana, pasado mañana, el mes que viene, dentro de seis semanas, dentro de dos años, en 2014.

 Ficha 17. *Adivinamos.*

1.2. En esta secuencia se introducen los exponentes lingüísticos relacionados con los planes y los proyectos. La actividad sirve para contextualizar y mostrar los modelos de lengua. Pregúnteles cuál es el tema de la entrada del blog; para ayudarles dirija la atención de los estudiantes hacia los espacios en blanco de las palabras que deben descubrir, explicándoles que las líneas representan el número de letras.

Planes y proyectos.

1.2.1. Práctica de lenguaje. Pida a los alumnos que se fijen en los exponentes que podemos usar para expresar planes y proyectos y explíqueles que, primero, completen las frases eligiendo una de las estructuras que aparecen en el cuadro de atención y que, después, especulen sobre qué persona de la clase creen que tiene esos planes. Anímelos a que escriban su nombre en el espacio de la derecha. Preenseñe: *año sabático*.

1.2.2. Para comprobar sus hipótesis anteriores, anímelos a que se levanten y hagan las preguntas a sus compañeros. Si ha creado un blog digital, pídales que participen en él escribiendo sus planes y proyectos.

2.1. Con esta secuencia se introduce el uso del presente de subjuntivo con la partícula temporal *cuando*; los modelos de lengua se ofrecen en la grabación. Esta primera tarea de comprensión general sirve para presentar a los personajes. Motive la actividad a partir de las imágenes y, antes de poner la audición, deje que lean los datos, ya que la tarea consiste en relacionar los personajes con sus proyectos. La información personal de estos les sirve para resolver el ejercicio.

a. 2; **b.** 3; **c.** 4; **d.** 5; **e.** 1.

2.1.1. En esta segunda tarea de comprensión, más selectiva, se pide que los alumnos se fijen en las acciones correspondientes a los planes y proyectos de los personajes anteriores para contextualizar el concepto del futuro y así, posteriormente, introducir este uso del presente de subjuntivo.

1. Francisco; **2.** Humberto; **3.** Germán; **4.** Graciela; **5.** Yolanda.

2.2. Motive y contextualice la actividad explicando a los alumnos que las frases pertenecen a los personajes anteriores y deje claro que con ellas nos siguen contando sus planes y proyectos de futuro. Pídales que completen los espacios en blanco y que, con su compañero, descubran el personaje al que pertenecen, recordando la respuesta que dieron en la actividad 2.1.1.

1. cambiaré (Francisco); **2.** buscaré, volveré (Yolanda); **3.** me tumbaré, pensaré (Germán); **4.** tendré, enviaré, haré (Humberto); **5.** me sentiré, viajaré (Graciela).

2.2.1. Actividad que sistematiza el uso del presente de subjuntivo presentado en las actividades anteriores. Asegúrese de que entienden que el presente de indicativo que se puede usar en la oración principal tiene valor de futuro. Si lo considera oportuno, amplíe la información y explíqueles que también pueden encontrar imperativo (*Cuando llegues, llámame*).

1. presente de subjuntivo; **2.** futuro; **3.** termine; **4.** salga.

2.2.2. Llame la atención sobre las imágenes del libro y pídales que elijan una, sin decir cuál es, y que durante unos minutos piensen en sus posibles planes y proyectos relacionados con los temas que se les dan como ayuda, o en otros que ellos imaginen. Dígales que pueden tomar notas, pero no escribir las frases. Luego, un alumno explica los planes que ha imaginado. El resto de compañeros debe adivinar a qué personaje de las fotos se refiere. Puede usted, si lo considera necesario, hacer un primer ejemplo con ellos para así, además de servirles como modelo, motivarles y crear el interés por la actividad. Si ha creado un blog digital, pídales que participen en él reescribiendo el texto del personaje elegido.

2.3. **Actividad opcional.** Actividad que introduce el texto sobre el síndrome de Peter Pan, que leerán en la actividad siguiente. Cree el interés por el mismo preguntando a los alumnos quién es Peter Pan. Dígales que ahora no se preocupen por el vocabulario del mensaje.

> **Peter Pan** es el nombre del personaje ficticio creado por el escritor escocés James Matthew Barrie para una obra de teatro llevada a cabo en Londres el 27 de diciembre de 1904. Peter es representado como un pequeño niño que se niega a crecer y que habita con otros niños en el país de Nunca Jamás. Allí viven numerosas aventuras fantásticas durante toda la eternidad.
>
> El término "síndrome de Peter Pan", referido a la persona que nunca madura, fue aceptado en la psicología popular en 1983 a raíz de la publicación de un libro con el mismo nombre, escrito por el doctor Dan Kiley. Las personas que padecen este síndrome se caracterizan por mostrar inmadurez en ciertos aspectos psicológicos y sociales: irresponsabilidad, rebeldía, cólera, narcisismo, dependencia, negación del envejecimiento...

2.3.1. Actividad de comprensión lectora en la que se pide a los estudiantes que infieran el significado del léxico.

1. Toca; **2.** Ganarse el pan; **3.** Vivir del cuento.

2.3.2. Provoque una interacción oral en grupo clase. Anime a los alumnos a que participen con sus opiniones. Pídales que digan lo que creen que significan las características que describen a una persona que padece el síndrome de Peter Pan. Cree de esta manera el interés por el texto de la siguiente actividad.

2.3.3. Distribuya a la clase en parejas, recorte las tarjetas de la ficha 18 en las que aparece la descripción o explicación de las características de las personas que sufren el síndrome de Peter Pan, y entregue una a cada pareja. Pídales que identifiquen la característica de la actividad anterior a la que se refiere el texto que se les ha asignado. Haga una puesta en común y deje que se expliquen unos a otros, con sus palabras, el significado.

 Ficha 18. *El síndrome de Peter Pan.*

1. Búsqueda de afecto; **2.** Inseguridad; **3.** Comodidad; **4.** Egoísmo; **5.** Miedo a comprometerse; **6.** Rechazo a la paternidad/maternidad; **7.** Gusto por la juventud.

3 Las etapas de la vida

En este epígrafe se presenta vocabulario relacionado con la vida adulta y se continúa trabajando con los planes y proyectos de futuro. Se introducen las frases atemporales con *cuando* + presente de indicativo.

3.1. Motive la actividad y presente el tema escribiendo en la pizarra la frase: La vida adulta. Pregunte a los estudiantes las edades que ellos consideran que se corresponden con esta etapa de la vida y pídales que digan acciones o actividades que la caracterizan. Introduzca el ejercicio. Pregunte si conocen el significado de las palabras y deje que se las expliquen unos a otros; en caso de que no lo sepan, hágalo usted.

3.2. Contextualice la grabación explicando a los estudiantes que van a escuchar a unas personas discutir sobre las ventajas e inconvenientes de la vida adulta. Explique lo que se quiere decir con *palabras clave* (palabras a partir de las cuales podemos recordar y reproducir la idea general de lo que se quiere transmitir) y haga con ellos el primer ejemplo: ponga la audición y, después de la primera intervención, detenga el reproductor. Dígales que, a modo de ejemplo, como palabra clave, podríamos escribir: *bonito*.

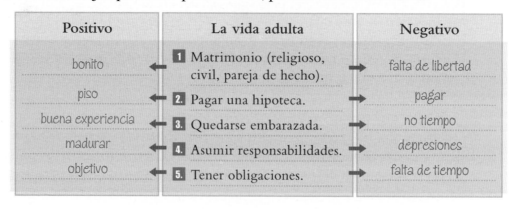

Positivo	La vida adulta	Negativo
bonito	**1** Matrimonio (religioso, civil, pareja de hecho).	falta de libertad
piso	**2** Pagar una hipoteca.	pagar
buena experiencia	**3** Quedarse embarazada.	no tiempo
madurar	**4** Asumir responsabilidades.	depresiones
objetivo	**5** Tener obligaciones.	falta de tiempo

3.2.1. Involucre a los estudiantes con sus opiniones. Haga la actividad en grupo clase. Si ha creado un blog digital, pídales que participen en él con una entrada en la que hablen sobre las ventajas e inconvenientes de esta etapa de la vida.

3.2.2. Vuelva a poner la audición de la actividad 3.2. para que los alumnos completen las frases y sistematizar, así, el uso de *cuando* + presente de indicativo, para frases atemporales y generales, que hasta el momento los alumnos han usado de forma intuitiva. Ponga la grabación dos veces y deje que los estudiantes compartan la información entre ambas. Haga una corrección en grupo clase y pídales que lean la información que aparecen en el cuadro.

1. dice, significa; **2.** compartes, pierdes; **3.** tienes, cambia.

3.3. Practica de lenguaje. Por el sentido de la frase los alumnos deberán usar presente de indicativo o de subjuntivo y elegir la opción con la que se identifican. Dependiendo de la edad y características de su grupo, algunas preguntas pueden no servir. En algunos casos se pueden proponer cambios: por ejemplo, en la pregunta 1, la universidad se puede cambiar por estudios. Y en los que no sea posible, elimine esa pregunta del test.

1. termines, empezarás; **2.** vuelvas, te sentirás; **3.** cumples, te deprimes; **4.** tengas, pensarás, será; **5.** seas, aprovecharás; **6.** tienes, piensas; **7.** cambias, te alegras; **8.** tengas, tendrás, costará; **9.** se independicen, te lo tomarás, costará; **10.** te miras al espejo, sientes.

3.3.1. Primero ponga a los alumnos en parejas, y pídales que compartan sus respuestas para tratar de saber quién de los dos puede tener más problemas para aceptar los cambios, tomar decisiones, asumir responsabilidades... Después, haga una puesta en común en grupo clase.

3.4. **Actividad opcional.** Comprensión lectora. Para activar la clase, proponemos la siguiente dinámica para trabajar con el vocabulario del texto. Divida a los alumnos en dos grupos y entregue a cada grupo un juego de tarjetas de la primera parte de la ficha 19 con las palabras resaltadas del poema. Recorte las tarjetas de la segunda parte de la ficha 19 con la definición del léxico y cuélguelas por la clase. Dígales que, a modo de competición, tienen que pegar las tarjetas con la palabra en la definición correspondiente. Gana el grupo que primero termine y lo haya hecho correctamente. Para comprobar qué grupo ha ganado, verá que las fichas tienen diferente color.

 Ficha 19. *Cuando sea vieja.*

1. morado; **2.** impuestos; **3.** pegará; **4.** protegerme; **5.** pensión; **6.** engordar; **7.** chillones; **8.** me maquillaré.

> **Jenny Joseph** (1932), periodista y poetisa inglesa, escribió el poema *Warning* (traducido en el libro) en 1961 y fue declarado por la BBC el poema más popular en el Reino Unido en 1996.

3.4.1. Involucre a los alumnos con sus opiniones.

4 Diálogos cotidianos
• •

En este epígrafe se presenta el marcador temporal *en cuanto* y se reflexiona sobre la diferencia entre la partícula temporal *cuando* y el pronombre interrogativo *cuándo*.

4.1. Actividad que presenta el tema y motiva la siguiente. Guíe la interacción a partir de las imágenes para que salgan los siguiente temas: falta de tiempo, estrés, preocupación por el cuerpo y la imagen, obsesión por el trabajo... En la transparencia 11 se ofrecen más fotos.

Transparencia 11. *Siglo XXI.*

4.1.1. Contextualice la grabación explicando a los alumnos que van a escuchar los diálogos que Javier ha grabado en diferentes situaciones. Pídales que ahora, en esta escucha general, identifiquen el tema de cada conversación. En ellos aparecen las muestras de lengua sobre las que se reflexiona en la actividad siguiente.

a. 1; **b.** 4; **c.** 3; **d.** 2.

4.1.2. Actividad de sistematización y reflexión. Entregue a los alumnos la transcripción de la ficha 20 para hacer la actividad. Deje que primero, en parejas, discutan las respuestas del primer cuadro y después, en grupo clase dirigido por usted, completen el siguiente.

1. cuándo; **2.** cuando; **3.** en cuanto; **4.** en cuanto.

Ficha 20. *Diálogos cotidianos.*

4.1.3. Distribuya a la clase en parejas para hacer la actividad. Anime a los estudiantes a que usen las diferentes partículas. Circule por la clase para ayudarles y guiarles.

4.1.4. Pida a los alumnos que, mientras sus compañeros están escenificando el diálogo, tomen nota de los posibles errores y de las dudas que tengan. Si ha creado un blog digital, pídales que participen en él y compartan con los compañeros el resto de los diálogos que han inventado.

5 Tu blog

5.1. **Actividad opcional.** Actividad que pueden incorporar al blog digital, en el caso de existir. Anime a los estudiantes a que hagan un escrito de temática libre a partir de las ideas que les haya podido sugerir la unidad.

Unidad 5

La bitácora existencial

● ●

En esta unidad se crea un blog cuyo administrador es un personaje del que se habló en la unidad 3: el joven que aceptó el trabajo para cuidar una isla de Australia. Con él se introducen contenidos relacionados con la personalidad.

1 Perfiles profesionales

● ●

En este epígrafe se trabaja con los perfiles profesionales y se introduce el léxico y exponentes necesarios para describirlo (adjetivos de carácter y habilidades).

1.1. Actividad de calentamiento para introducirnos en la unidad. Reparta a cada alumno un papel adhesivo y pídales que escriban una profesión en él. Dígales que se lo peguen en la frente al compañero de la derecha. Anímelos a que se levanten y hagan preguntas para adivinar qué profesión tienen. Si piensa que es mejor opción, también puede pegarles los papeles con las profesiones ya escritas por usted.

1.1.1. La entrada de blog que tiene esta actividad es la excusa para contextualizar el contenido cultural del perfil profesional. Si sus alumnos hicieron la unidad 3, pídales que lean el texto para identificar al personaje que escribe este blog (es el joven que estuvo a punto de morir por la picadura de una medusa cuando fue a trabajar como cuidador de una isla en Australia). Si no, hágales preguntas de comprensión general del tipo: *¿Qué estudió Celentéreo? ¿Qué problema tuvo en Australia?*

1.1.2. Contextualice la actividad haciendo ver a sus alumnos que hemos accedido al enlace ofrecido por Celentéreo. En él hay información sobre el perfil profesional. Motive preguntando a los alumnos: *¿Qué es un perfil profesional? ¿Para qué sirve?* En esta parte de la secuencia se trabaja la fase de preescucha del texto que oirán en la actividad 1.1.3. Invite a sus estudiantes a activar sus conocimientos del mundo y a que completen en parejas los espacios en blanco; con ello, desarrollarán también la estrategia de predicción. Tranquilícelos si no saben alguna o ninguna respuesta, dígales que las van a tener después cuando escuchen; se trata solo de que formulen sus hipótesis y discutan en parejas. Si sus alumnos han hecho la *Etapa* 7, recuérdeles que en la unidad 5 se habló de trabajo, así, quizá puedan generar algunas ideas.

a. la formación, las características de la personalidad y las habilidades, los intereses profesionales y los gustos; **b.** preparar la entrevista de trabajo, preparar un test psicotécnico, descubrir los puntos fuertes y débiles de nuestra personalidad y formación.

1.1.3. Actividad de comprensión auditiva que ofrece información sobre el perfil profesional. Llame la atención de sus alumnos sobre el icono de audición que aparece en la web de 1.1.2. Infórmelos de que vamos a pinchar en él para saber más. Dígales a sus estudiantes que si han escrito algo, van a comprobar si es correcto y si no han completado, pídales que completen los espacios de 1.1.2. Después de la primera escucha, guíelos para que comparen sus hipótesis. Haga una segunda escucha antes de realizar la puesta en común de la tarea.

Etapa 8

I.2. Pídales que lean los comentarios para responder a las dos preguntas que se hacen. Con estos textos se contextualiza la lectura de las frases que les repartirá en 1.2.1.

1. Ayuda para conocer su perfil profesional; **2.** A través de test psicológicos.

I.2.I. Actividad de presentación de lenguaje cuya contextualización ya está hecha con los comentarios de la entrada en el blog de Celentéreo. Se introducen los exponentes para expresar habilidades: *se me da bien, me cuesta, tengo facilidad, tengo capacidad.* Dígales a los alumnos que, como ha dicho el internauta Mita, la manera más habitual de determinar el perfil profesional es a través de test psicológicos que estudian los gustos y las habilidades de los trabajadores. Infórmelos de que van a leer algunas frases extraídas de ese tipo de test. Recorte las tarjetas de la ficha 21 (un juego por trío o pareja) y entrégueselas a los alumnos. Pídales que las dividan en dos grupos según sean gustos o habilidades. Estas frases les servirán como modelos de lengua para poder completar el esquema gramatical de 1.2.2., así que no recoja las tarjetas para pasar a la siguiente actividad.

 Ficha 21. *Perfiles.*

Expresar habilidades: b, c, g, h, m, n, p, q, t, v, w, x.

I.2.2. Sistematización de los exponentes utilizados en las tarjetas anteriores para hablar de habilidades. Pida a sus alumnos que vuelvan a las tarjetas que clasificaron en el grupo de habilidades y llame su atención sobre las estructuras destacadas. Anímelos a observar los modelos e inferir las reglas para completar el esquema. Tenga en cuenta que se presentan dos nuevos verbos pronominales intransitivos (con la misma estructura que *gustar*) y que los alumnos, con sus conocimientos previos, pueden establecer la analogía con otros verbos que utilizan la misma estructura.

1. (No) tengo capacidad; **3.** (No) tengo capacidad; **4.** (No) tengo facilidad; **5.** le, os, les, cuestan, infinitivo; **6.** se, me, nos, les, da, bien, infinitivo, sustantivo singular, sustantivo plural.

I.3. Práctica de lenguaje de los contenidos recién introducidos. Pida a sus estudiantes que, cogiendo como base la información que les da Pitón sobre su perfil, produzcan frases relacionadas con sus habilidades. Explique que la columna identificada con el signo + se refiere a las habilidades que posee Pitón (lo que se le da bien) y la columna con signo − se refiere a las carencias de su perfil (lo que se le da mal). Haga un ejemplo con ellos: *Si en la columna + tenemos "los cambios", podemos decir: tiene facilidad para aceptar cambios, no le cuestan los cambios...*

I.4. Sistematización de los adjetivos de carácter. Pídales que vuelvan a leer las frases de la ficha 21 y que, en parejas, las relacionen con los adjetivos que se les ofrecen en el cuadro.

Objetivo/a: c; persistente: g; comunicativo/a: b; reflexivo/a: w; individualista: j; metódico/a: i; detallista: n; imaginativo/a: m; paciente: v; intuitivo: p; analítico/a: t; competitivo/a: x; emprendedor/a: q.

I.4.I. Pídales que elijan la opción de significado adecuado para cada adjetivo. Aproveche para hacer la llamada de atención sobre la invariabilidad de género que tienen los adjetivos terminados en *–ista* y en *–ente*.

1. a; **2.** a; **3.** b; **4.** a; **5.** a; **6.** b; **7.** b; **8.** a; **9.** a; **10.** b; **11.** a; **12.** b; **13.** b.

Actividad extra. *Memory* de adjetivos y habilidades. Recorte las tarjetas de la ficha 22 y muestre a los alumnos el grupo que contiene frases. Anímelos a que piensen a qué adjetivo se refieren. Compruebe con ellos que los adjetivos que van saliendo están en las otras tarjetas. Tras esta verificación, dé la vuelta a todas las tarjetas dejándolas boca abajo y realice una actividad de *memory*. Indique a los alumnos que levanten en primer lugar una tarjeta con una frase y que digan el adjetivo relacionado antes de levantar la segunda tarjeta. Despierte la motivación de los alumnos y prometa un premio al ganador. Para la corrección tenga en cuenta que, en la ficha, la relación de los adjetivos y habilidades está en orden.

 Ficha 22. *Memory de personalidad.*

1.5. Con esta práctica oral se inicia una secuencia de actividades que culmina con la realización de un perfil profesional. Dé unos minutos a sus alumnos para que piensen qué adjetivos de carácter pueden servir para describirse a ellos mismos y por qué. Después, póngalos en parejas para que lo comenten.

1.5.1. Motive la actividad diciendo que van a comprobar si realmente sus compañeros son como ellos piensan. Divida la clase en dos grupos (A y B) y propóngales la elaboración de un test para conocer el perfil profesional de sus compañeros. Pacte un número de preguntas con los alumnos (le recomendamos un máximo de 10). Haga algún ejemplo de preguntas en la pizarra con ellos (*¿Tienes facilidad para tomar decisiones? ¿Te cuesta trabajar sin un guión?*). Recuérdeles que las frases de 1.2.1. pueden servirles de referencia. Pasee por la clase para ayudarlos y corregir sus test.

1.5.2., 1.5.3. y 1.5.4. Cuando ya tengan todas las preguntas del test, organícelos en parejas, de tal manera que un miembro del grupo A quede con un miembro del grupo B, así tendrán dos modelos de test diferentes. Dígales que se hagan el test y que tomen nota de las respuestas para poder escribir el perfil profesional de su compañero. Cuando terminen de hacerse el test, pídales que, individualmente, pasen a la actividad escrita: con sus anotaciones deben escribir el perfil del compañero al que han entrevistado. Si tiene oportunidad, cree en Internet la bitácora existencial de su clase y pida a sus alumnos que hagan una entrada con sus textos. Como puesta en común final, invite a cada alumno a leer el texto que se refiere a él y decir si están o no de acuerdo y por qué. Si ha creado el blog, anímelos a que escriban sus apreciaciones en comentarios a la entrada original.

2 ¿Somos o estamos?

En este apartado se introducen algunos de los adjetivos que cambian de significado con el uso de los verbos *ser* o *estar*. Para contextualizar, se utiliza el contenido cultural de los deportes de riesgo.

2.1. Esta actividad proporciona un tránsito fluido entre el epígrafe anterior y este. Dígales a sus alumnos que muchas empresas quieren conocer las aficiones de sus trabajadores para hacerse una idea de los rasgos de su personalidad. Recuerde que en la unidad 5 de la *Etapa 7* se habló del currículum vítae y las aficiones fue uno de sus apartados. Póngalos en parejas y anímelos a contarse qué hacen en su tiempo libre y si les gusta el deporte, concretamente, el de riesgo.

2.1.1. Actividad para presentar léxico de algunos deportes de riesgo. Llame la atención de sus alumnos sobre las imágenes y confirme que identifican los diferentes deportes que representan. Pídales que, en parejas, relacionen las imágenes con los nombres del deporte.

1. alpinismo; **2.** parapente; **3.** paracaidismo; **4.** piragüismo; **5.** buceo; **6.** ala delta; **7.** ciclismo de montaña; **8.** esquí acuático.

2.1.2. Realice esta actividad para dar una nueva oportunidad a los estudiantes de que incorporen lo aprendido en el epígrafe anterior.

2.2. Comprensión lectora que proporciona el contexto adecuado para la realización de las siguientes tareas destinadas a la presentación y práctica del contenido principal del epígrafe: los adjetivos que cambian de significado con *ser* y *estar*. Pida a sus alumnos que lean la nueva entrada del blog de Celentéreo y que, mediante la comprensión general del texto, elijan la opción correcta.

1. c; **2.** a.

2.2.1. Pregunte a sus alumnos si a Celentéreo le gusta el fondo del mar y qué es lo que más le gusta. Pídales que vuelvan a leer el texto para buscar las frases donde expresa admiración. Guíelos para que observen y completen los ejemplos localizados en el texto.

1. ¡Qué maravilla!; **2.** ¡Es increíble cómo se mueven por el fondo marino!; **3.** ¡Es impresionante cómo se camuflan en el suelo marino!

2.3. **Actividad opcional.** Si le parece oportuno trabajar la entonación con sus alumnos, haga esta actividad. Empareeélos y pídales que ensayen con estas frases que reproducen los exponentes de admiración. Circule por la clase para escuchar y ofrézcales modelos para ayudarles a mejorar su entonación.

2.3.1. Actividad para discriminar entre la entonación de frases interrogativas y exclamativas. Informe a los alumnos de que, de cada par de frases, solo van a oír una y tienen que marcarla en su libro. Preenseñe *dar pedales*. Ponga la audición dos veces para que puedan confirmar la selección que hagan en la primera. Si le parece bien, puede hacer también una actividad de repetición. Una vez corregida la tarea, ponga de nuevo la grabación, frase por frase, y pídales que imiten la entonación.

1. a; **2.** b; **3.** a; **4.** a; **5.** b.

2.4. Presentación de lenguaje de los adjetivos que cambian de significado con *ser* o *estar*. Estimule a sus alumnos comunicándoles que la entrada de Celentéreo sobre el fondo marino y sus riesgos ha generado un gran número de comentarios. Fotocopie la ficha 23 (A, B y C). Divida la clase en tres grupos y reparta un modelo de ficha diferente en cada uno. Pídales que lean e intenten inferir los significados de los adjetivos en negrita. Pasee por los grupos para dar respuesta a sus posibles dudas. Cuando hayan pensando en los significados, invítelos a buscar el espacio correspondiente a sus adjetivos en el cuadro de 2.4.1. Confirme que los han escrito en el lugar adecuado.

 Ficha 23 (A, B y C). *¿Somos o estamos?*

2.4.1. Sistematización de los contenidos. Divida la clase en tríos en los que debe haber, como mínimo, un representante de los grupos anteriores. Anímelos a que expliquen a sus compañeros los significados de los adjetivos con los que han trabajado. Dígales que completen los espacios del cuadro que todavía tienen en blanco. Realice una puesta en común y deténgase en el cuadro de atención para solucionar dudas. Insista en el uso de las preposiciones. Tenga en cuenta también que los tres últimos adjetivos (*orgulloso*, *callado* y *aburrido*) no experimentan un cambio de significado tan grande como el resto, realmente cambian de matiz.

1. atento/a; **2.** bueno/a; **3.** malo/a; **4.** despierto/a; **5.** listo/a; **6.** parado/a; **7.** interesado/a; **8.** vivo/a; **9.** rico/a; **10.** orgulloso/a; **11.** callado/a; **12.** aburrido/a.

2.5. Comprensión auditiva que dota de contexto a la actividad de rellena huecos que se ofrece en el libro. Contextualice la audición informando de que van a escuchar diez mini-diálogos en los que se refleja una situación que puede sintetizarse en la frase propuesta. Pídales que escuchen para elegir entre *ser* o *estar* según el contexto. Recomendamos que haga dos escuchas y que entre ambas los anime a comparar sus notas.

1. está; **2.** es; **3.** está; **4.** está; **5.** es; **6.** es; **7.** es; **8.** está; **9.** Está; **10.** está.

2.5.1. Práctica de lenguaje que pueden realizar recordando los modelos aparecidos en la audición. Divida la clase en dos grupos. En esta tarea se trata de que sean los propios alumnos quienes diseñen la actividad para sus compañeros. Siga, para ello, los pasos que se proponen en el libro del alumno.

2.6. Práctica escrita que puede llevar al blog digital en caso de que lo haya creado. Motive la actividad animando a sus estudiantes a recordar si han vivido alguna vez una situación de riesgo. Propóngales que continúen la cadena de comentarios que han leído en 2.4. con sus propias experiencias. Circule por la clase para ayudarlos con el léxico necesario. Lleve sus textos al blog (digital o en papel). Para la puesta en común, plantee esta pregunta: *¿Quién creéis que ha vivido la situación más arriesgada?*

2.7., 2.7.1. y 2.7.2. **Actividad opcional.** Secuencia de actividades con un contenido cultural: se presenta a la popular alpinista Edurne Pasabán. Para motivar la actividad y activar los conocimientos previos de los alumnos, invítelos a discutir con sus compañeros las tres preguntas que aparecen en el libro. A continuación, pregunte: *¿Quién es Edurne Pasabán?* En el caso de que algún alumno la conozca, pídale que él lo explique a sus compañeros. Si no obtiene respuesta, haga que se fijen en las fotos de la actividad 2.7.1. para que puedan lanzar sus hipótesis. Pídales que lean los datos relacionados con la alpinista y que los clasifiquen (biografía, experiencias en la montaña, récords y premios). Le aconsejamos que preenseñe la acepción de la palabra *ochomil* en este contexto: montaña de más de ocho mil metros de altura. Si la clasificación que han hecho los alumnos no coincide exactamente con la solución que les proponemos, anime a los estudiantes a justificar su elección. Para terminar, empareje a sus alumnos y pídales que organicen la información que acaban de recibir para escribir un texto informativo en el blog, en papel o digital, sobre Edurne Pasabán.

Biografía: 2, 3, 6, 8, 10, 12; Experiencias en la montaña: 5, 7, 9, 11; Récords: 1, 4.

> **Edurne Pasabán** es una alpinista vasca que ha invertido nueve años para conseguir los catorce *ochomiles*. Oficialmente, la primera mujer en el mundo que lo ha conseguido es la coreana Oh Eun-sun, pero hay ciertas sospechas sobre la veracidad de la culminación de uno de sus ascensos. De confirmarse estas sospechas, Edurne pasaría a ser la primera mujer en el mundo en conseguirlo. Pasabán ha colaborado muy activamente con el programa de TVE *Al filo de lo imposible*, para el que ha grabado, en varias ocasiones, el día a día en la montaña. Si quiere más información, puede visitar su web: http://www.rtve.es/television/al-filo/
> El Mont Blanc es una montaña de los Alpes situada entre Francia e Italia.
> El Everest es un monte situado en la Cordillera del Himalaya, en la frontera entre China y Nepal.
> El K2 también está en el Himalaya, en la frontera entre India, Pakistán y China.
> El Shisha Pangma está en la región del Tíbet.

3 | Tu blog

3.1. **Actividad opcional** que pueden incorporar al blog digital, en el caso de existir. Anime a los estudiantes a que hagan un escrito de temática libre a partir de las ideas que les haya podido sugerir la unidad.

Unidad 1 — La bitácora sentimental

1.1. **1.** b; **2.** c; **3.** a; **4.** e; **5.** d; **6.** f; **7.** i; **8.** g; **9.** h.

1.2. Respuesta abierta.

1.3. **Positivos:** ponerse contento/a, alegrarse, ponerse de buen humor, encantar; **Negativos:** dar rabia, no soportar, dar miedo, poner de los nervios, ponerse nervioso/a, dar pena, ponerse de mal humor.

1.4. **1.** a; **2.** b; **3.** b; **4.** a; **5.** a; **6.** c; **7.** a; **8.** b; **9.** a; **10.** c.

1.5. **1.** b; **2.** c; **3.** a; **4.** f; **5.** g; **6.** h; **7.** d; **8.** e.

1.6. **1. a.** le alegra, **b.** me encanta, **c.** se pone de muy buen humor, **d.** me ponen de buen humor; **2. a.** soporto, **b.** se pone muy nerviosa, **c.** me molesta; **3. a.** Me da mucha pena, **b.** se pone muy triste, **c.** me da un poco de rabia; **4. a.** Me pone de muy buen humor, **b.** me alegro, **c.** me encantan, **d.** Me gusta.

1.7. **1.** vayamos a ir a la boda toda la pandilla; **2.** discutamos/que le riña; **3.** trabajar mucho y no pasar suficiente tiempo juntos; **4.** mucha gente no acepte otras culturas o religiones; **5.** los deportistas ganen mucho dinero y trabajen muy poco; **6.** los niños, en muchos países, no puedan ir a la escuela; **7.** voy a fiestas con mucha gente; **8.** algunos políticos mientan y sean corruptos.

1.8. **Maite. Positivos:** Le ponen de buen humor los días de sol, de calor; Le pone muy contenta pasear por las ciudades, entre la gente; Le alegra que toda la familia se reúna para comer o cenar y hablar de sus cosas; Le gusta escuchar las historias de los abuelos; **Negativos:** Se pone muy nerviosa cuando tiene un pájaro cerca; Le molesta mucho que la gente se cuele; Le pone de los nervios que la gente hable muy alto.

Ainara. Positivos: Le pone de buen humor la lluvia; Le encanta tener todo ordenado: se pone contenta cuando llega a casa y ve todo limpio, en orden; Le alegra caminar por la montaña, disfrutar de los colores, de los olores, del silencio. Le alegra que toda la familia se reúna para comer o cenar y hablar de sus cosas; Le gusta escuchar las historias de sus los abuelos; **Negativos:** Se pone muy nerviosa cuando tiene un pájaro cerca; Le enfada mucho que la gente sea grosera o maleducada; Le pone de los nervios que la gente hable muy alto.

1.8.1. **1.** Les alegra que toda la familia se reúna para comer o cenar y hablar de sus cosas; **2.** Les gusta escuchar las historias de los abuelos; **3.** Se ponen muy nerviosas cuando tiene un pájaro cerca; **4.** Les pone de los nervios que la gente hable muy alto.

1.9. Respuesta abierta.

1.10. **1.** Aportar argumentos, c; **2.** Fin de la argumentación, a; **3.** Iniciar la argumentación, b; **4.** Objeciones a los argumentos, c; **5.** Expresar subjetividad, a.

1.11. **1.** En primer lugar; **2.** Además; **3.** Sin embargo/Pero; **4.** Pero/Sin embargo; **5.** Resumiendo.

Unidad 2 · La bitácora europea

2.1. 1. F; 2. F; 3. V; 4. V; 5. F.

2.2.

2.2.1. 1. buzón; 2. fuente; 3. contenedor; 4. semáforo; 5. banco; 6. papeleras.

2.2.2. 1. E; 2. F; 3. B; 4. A; 5. D; 6. C.

2.3. 1. acento; 2. Agudas; 3. vocal; 4. buzón; 5. Llanas; 6. segunda; 7. consonante; 8. árbol; 9. Esdrújulas; 10. tercera; 11. semáforo.

2.4. **Agudas:** sofá, contaminación, cartel, balcón; **Llanas:** árbol, cine, hombre, lápiz; **Esdrújulas:** tráfico, acústica, teléfono, público.

2.5. 1. inseguridad; 2. vivienda; 3. suciedad; 4. contaminación acústica; 5. transporte público; 6. tráfico; 7. desempleo; 8. los sin techo.

2.6. 6, 5, 2.

2.7. Respuesta abierta.

2.8. 1, 3, 4.

2.8.1. 1. no sabía; 2. no sabía; 3. supe; 4. Sabía; 5. no tenía ni idea; 6. no supe; 7. No tenía ni idea; 8. sabía.

2.9. 1. buscas, ten; 2. asistes, puede; 3. tienes, cubre, vives; 4. cursas, escoge; 5. exige, hazla, tienes; 6. encontráis, tomadlo.

2.9.1. Respuesta abierta.

2.10. 1. dado que/puesto que; 2. de manera que/de modo que; 3. como; 4. por consiguiente/en consecuencia; 5. puesto que/dado que; 6. en consecuencia/por consiguiente; 7. porque; 8. de manera que/de modo que.

2.11. 1. b; 2. c; 3. a; 4. d.

2.11.1. Posible respuesta: 1. En este paisaje no hay chimeneas que ensucien el aire, por eso/por esta razón la contaminación aquí no existe; 2. Las casas tienen un aislamiento térmico de un 30% superior a lo que obliga la ley, en consecuencia el ahorro se nota también en las facturas; 3. Como en todos los tejados hay placas solares, la ciudad puede, incluso, vender la energía que le sobra; 4. Hay un parque central, del tamaño de doce campos de fútbol, que cuenta con carril bici, sendas para caminar y hasta un lago, por eso/por esta razón la zona verde en la ciudad está garantizada.

Etapa 8

Unidad 3 La bitácora curiosa

3.1. **1.** c; **2.** d; **3.** a; **4.** e; **5.** b; **6.** f.

3.2. **1.** contar mi experiencia a través del blog; **2.** entretenerme en los ratos libres; **3.** curarme en caso de accidente; **4.** poder nombrar todo lo que vea; **5.** colgar en el blog las imágenes; **6.** inspeccionar los arrecifes de coral; **7.** que el sol no me queme; **8.** que puedan localizarme en cualquier momento.

3.2.1. Respuesta abierta.

3.3. **1.** V; **2.** V; **3.** F; **4.** F; **5.** F; **6.** F; **7.** V.

3.4. **1.** b; **2.** c; **3.** a; **4.** b; **5.** c; **6.** c; **7.** d; **8.** b; **9.** a; **10.** d; **11.** b; **12.** c.

3.5. **1.** podría, Saldría; **2.** sería, podría; **3.** soportaría, Tendría; **4.** gustaría, vería, haría; **5.** querría; **6.** valdría, trabajaría.

3.5.1. Respuesta abierta.

3.6. **1.** ¿Desde cuándo trabajas como médico de muñecas?; **2.** ¿Por qué elegiste esta profesión?; **3.** ¿Cuánto tiempo tardas en arreglar una muñeca?; **4.** ¿Por qué surgieron los sanatorios de muñecas?; **5.** ¿Hasta cuándo trabajarás como médico de muñecas?; **6.** ¿Tienes un buen horario?

3.7. **1.** dónde; **2.** donde; **3.** cuando; **4.** cuándo; **5.** dónde; **6.** donde; **7.** cómo; **8.** cuando; **9.** cómo; **10.** donde; **11.** como; **12.** donde.

3.8. **A.** 1, 4, 6, 7; **B.** 2, 3, 5, 7.

3.9. **1.** quejica; **2.** conversador; **3.** infeliz.

3.10. **1.** g: Aunque acaban de cancelar el vuelo, podrán coger otro hoy mismo; **2.** f: Aunque no tenemos habitaciones disponibles, les podemos recomendar otro hotel cercano; **3.** e: Aunque esta cámara es algo más pesada, se obtienen imágenes mucho más nítidas con ella; **4.** c: Aunque este traje es un poco más caro, es el que mejor le sienta; **5.** d: Aunque deben hacerse por escrito este tipo de quejas, atenderemos su reclamación por teléfono; **6.** b: Aunque es cierto que es el apartamento más alejado de la playa, es el que mejores vistas tiene; **7.** a: Aunque el trabajo es un poco agobiante, está muy bien pagado.

3.11. **1.** c; **2.** b; **3.** c; **4.** c; **5.** b; **6.** b; **7.** a; **8.** b.

3.12. **1.** Real Academia Española; **2.** Buscan en las profundidades de los depósitos de agua, en los campos de golf, las pelotas que se han perdido para recomponerlas y revenderlas; **3.** ¿Desde cuándo trabajas en tu empresa?; **4.** Supervisan estos productos en la línea de montaje y revisan para que no haya patatas demasiado cocinadas o malas; **5.** Nadar bajo el agua, a veces en las profundidades, para ver el fondo del mar; **6.** Sueldo, salario; **7.** En la primera frase es un pronombre relativo que se refiere a la palabra *vídeo* y en la segunda es un pronombre interrogativo. **8.** Cortesía, atención rápida, confiabilidad y personal bien formado, atención personal y simpatía.

Unidad 4 La bitácora soñadora

4.1. **1.** infancia; **2.** niñez; **3.** adolescencia; **4.** juventud; **5.** madurez; **6.** vejez.

4.1.1. **1.** d, m; **2.** a, g; **3.** b, f, j; **4.** h, l; **5.** c, k; **6.** e, i, n.

4.2. **1.** e, g; **2.** a; **3.** b; **4.** d; **6.** c; **8.** f.

4.2.1. **Ventajas:** 3, 7; **Inconvenientes:** 1, 2, 4, 5, 6, 8.

4.3. Respuesta abierta.

4.4. **1.** a; **2.** b; **3.** a; **4.** c; **5.** a; **6.** c.

4.5. **1.** empiece; **2.** me licencie; **3.** tenga/cumpla; **4.** me case; **5.** gane; **6.** sea.

4.6. **a.** confíe; **b.** encuentre; **c.** termine/acabe; **d.** venda; **e.** dé/conceda; **f.** me jubile.

4.6.1. **1.** c; **2.** e; **3.** a; **4.** b; **5.** f; **6.** d.

4.7. Respuesta abierta.

4.8. **1.** F; **2.** V; **3.** F; **4.** V; **5.** F.

4.9. **A. 1.** sea/seré; **2.** encanta/llevan; **3.** tenga/dormiré. **B. 1.** me jubile/voy; **2.** pasan/agotan; **3.** sepa/llamo. **C. 1.** pueda/cojo; **2.** llegan/me preocupo; **3.** apruebe/compraré; **D. 1.** empiece/buscaré; **2.** veo/me pongo; **3.** tengo/me conecto.

4.9.1. **1.** A; **2.** D; **3.** C; **4.** B.

4.10. **1.** b; **2.** k; **3.** c; **4.** e; **5.** a; **6.** i; **7.** f; **8.** g; **9.** h; **10.** j; **11.** d.

4.11. **1.** comodidad; **2.** egoísmo; **3.** búsqueda de afecto; **4.** rechazo a la maternidad/paternidad; **5.** inseguridad; **6.** gusto por la juventud; **7.** miedo a comprometerse.

4.12. Respuesta abierta.

4.13. **1.** F; **2.** V; **3.** V; **4.** F.

Unidad 5 La bitácora existencial

5.1. **1.** c; **2.** f; **3.** e; **4.** b; **5.** d; **6.** a.

5.2. **1.** b; **2.** a; **3.** a; **4.** b; **5.** a.

5.3. e, b, f, d, c, a, g.

5.3.1. **1.** f; **2.** d; **3.** c; **4.** b; **5.** a; **6.** e.

5.4. Posible respuesta. **Un comercial** debe ser **comunicativo** porque tiene que tener facilidad de palabra para vender sus productos, **persistente** porque tiene que saber insistir varias veces para que el cliente compre, **intuitivo** porque tiene que poder intuir lo que el cliente piensa para persuadirle, **competitivo** porque si quiere ganar dinero tendrá que ser uno de los mejores de su empresa, **paciente** porque la paciencia es importante a la hora de tratar con los clientes; **Una científica** debe ser **persistente** para probar una y otra vez los distintos experimentos, **metódica** porque es muy importante seguir un plan de trabajo fijo en la investigación, **intuitiva** para elaborar hipótesis, paciente para no decaer ante el fracaso, **objetiva** para poder sacar conclusiones claras de los experimentos, **analítica** porque debe tener la capacidad de analizar los resultados obtenidos. **Un empresario** debe ser **comunicativo** porque la facilidad de palabra es muy importante en los negocios, **persistente** para conseguir todos los objetivos que se proponga, **metódico** porque será importante seguir un plan de trabajo para conseguir los objetivos, **imaginativo** porque en la actualidad las ideas creativas son las que hacen triunfar a una empresa, **emprendedor** porque debe tener capacidad para abrir nuevos negocios, **intuitivo** porque es importante pensar antes en los resultados y en el impacto de los negocios, **competitivo** porque su meta consistirá en ser el mejor en su campo.

5.5. **1.** tenemos capacidad para, se nos da bien; **2.** le cuesta, tiene capacidad para; **3.** se te da bien, eres muy bueno; **4.** se me dan fenomenal; **5.** tienen capacidad de, les ha costado; **6.** se le daba, le costaba.

5.6. **1.** ciclismo de montaña; **2.** alpinismo; **3.** esquí acuático; **4.** buceo; **5.** paracaidismo; **6.** piragüismo.

5.6.1. **1.** alpinismo; **2.** esquí acuático; **3.** buceo; **4.** paracaidismo; **5.** piragüismo; **6.** ciclismo de montaña.

5.7. Respuesta abierta.

5.8. **1.** ¡Qué velocidad!; **2.** ¡Es asombroso cómo se desplaza!; **3.** ¡Fue increíble cómo salió a la superficie!/¡Qué increíble!; **4.** ¡Qué vértigo!; **5.** ¡Es impresionante cómo escalan!; **6.** ¡Es admirable cómo navegan!; **7.** ¡Qué miedo!; **8.** ¡Fue asombroso cómo pudimos salir sanos y salvos de aquella situación!

5.9. **1.** ser: amable, estar: mostrar interés; **2.** ser: no interesante, estar: no tener motivación por lo que hace; **3.** ser: bondadoso/a, estar: ser atractivo/a, sano/a; **4.** ser: poco hablador/a, estar: no estar hablando; **5.** ser: rápido de mente, estar: no dormido; **6.** ser: egoísta, estar: tener curiosidad; **7.** ser: inteligente, estar: preparado/a; **8.** ser: malvado/a, estar: enfermo/a; **9.** ser: arrogante, estar: sentir satisfacción; **10.** ser: pasivo/a, estar: sin trabajo; **11.** ser: adinerado/a, estar: tener buen sabor; **12.** ser: ágil, activo, estar: no muerto.

5.10. **1.** ser atento; **2.** eres bueno; **3.** estar atento, estar listo; **4.** estás parado, estás interesado en; **5.** eres una persona callada, parada y aburrida; **6.** que son despiertas y listas, **7.** estoy orgullosa de ello, había estado mala, estar viva, estaba aburrida de leer.

5.11. **1.** Por el peligro y la dificultad de realización; **2.** Sí, la práctica de estos deportes está relacionada con los niveles de adrenalina; **3.** Tiene su origen en las prácticas militares; **4.** Nació en Francia cuando algunos grupos de escaladores empezaron a utilizar un tipo de paracaídas para no tener que bajar a pie las montañas; **5.** Sí, porque la actividad requiere concentración y control mental para actuar adecuadamente en situaciones difíciles; **6.** Explorar las profundidades.

UNIDAD 1. La bitácora sentimental

[1]   Hola, este mensaje es para Pitágoras. Me llamo Sole y a mí me da mucha pena que pase el tiempo y que no ocurra nada. Me da rabia que me llamen y no me dejen mensajes en el contestador, me pongo muy contenta cuando salgo de trabajar y tengo muchas llamadas perdidas en el móvil...Y no sé, me molesta que me empujen en el metro y no me pidan perdón... ¡Ah! Y me pone enferma que tengamos que hacer cola para todo.

Buenas Pitágoras, soy Ramón. ¡Qué bien que nos pidas que te contemos nuestras penas y nuestras alegrías! Me alegro de que alguien quiera hablar de sentimientos. Bien, entonces, empiezo... La verdad es que ahora no se me ocurre nada.

¡Ay! ¡Qué nerviosa me pongo cuando hablo con un contestador! Hola, Pitágoras. Me llamo Lucía y no soporto que se dejen un grifo medio abierto, sobre todo por las noches, me pone muy nerviosa estar acostada y escuchar el ruido de las gotas. Me molesta que el despertador suene todas las mañanas a la misma hora...

Bueno, pues soy Luis y me encanta el buen tiempo, me pone de buen humor asomarme por la ventana y ver el sol, no soporto llevar paraguas y me da rabia que el mal tiempo me estropee los planes. Me pone nervioso que la gente siempre esté contenta aunque llueva, nieve... No sé, no lo entiendo.

Pitágoras, me llamo Chelo. Me pone triste que la vida sea tan difícil. Me da miedo que las noticias sobre el hambre, la violencia, la injusticia, la desigualdad nos dejen indiferentes.

UNIDAD 2. La bitácora europea

[2]
- La semana que viene me voy a Londres.
- ¿De vacaciones?
- No, como Erasmus.
- ¿Erasmus? ¿Y eso qué es?
- Pues es un programa para estudiar unos meses o un año académico en una universidad europea.
- ¡Ah!, ¡qué interesante!, ¿no?
- Sí, tengo curiosidad por saber cómo es la universidad y la vida en Londres.
- ¿Y puedes ir a cualquier país de Europa?
- Bueno, no exactamente. Puedes elegir entre los países que pertenecen a la Unión Europea y además Noruega, Islandia o Liechtenstein.
- Pues estoy pensando que a mí me gustaría también hacerlo.
- No sé, eh, porque es solo para ciudadanos de la Unión Europea y además tienes que tener el primer curso de tu carrera totalmente aprobado y a ti te quedan dos asignaturas del año pasado, si no recuerdo mal, ¡eh!
- Sí, es verdad. ¡Qué pena! Pero, oye, será muy caro también vivir un año entero en otra ciudad. ¿Tú cómo vas a pagarlo?
- La verdad es que mis padres me van a dejar el dinero y además he pedido una beca. No es muy grande, pero con ella podré pagar parte del viaje y del alquiler del piso que voy a compartir. Lo mejor es que me pagan las clases de inglés.
- Ya, pero tú hablas inglés muy bien, no vas a tener problemas.
- Sí, pero el programa exige tener un dominio suficiente del idioma y yo necesito estudiar un poco más para alcanzarlo, piensa que todas las clases serán en inglés.
- ¡Qué bien! ¡Qué envidia me das! Yo también quiero ir.
- Todavía hay más ventajas...
- ¿Más? ¡Imposible!
- Pues sí, porque voy a estudiar en la Facultad de Economía y el programa que voy a seguir me permite hacer prácticas en una empresa, en mi caso inglesa, durante tres meses. Para el currículum será muy bueno.
- Pues sí. Oye, ¿y podré ir a visitarte?

[3]   Cartel, alcantarilla, farola, contenedor, papelera, fuente, reciclaje, semáforo, parquímetro, banco, buzón, marquesina, jardinera, correos.

[4]   Madrid ha cambiado mucho en los últimos años; tanto los ciudadanos como los gobernantes han intentado crear un lugar agradable donde vivir.

El tráfico ha sido siempre uno de los principales problemas: como es bastante caótico y hay muchos atascos en hora punta, se hizo una gran reforma en la carretera de circunvalación más antigua de la región. Se enterró la parte de esta autovía que va en paralelo al río Manzanares, de modo que la superficie quedó libre de coches. Así empezó el proyecto Madrid Río para recuperar esta zona de la capital. Dado que Madrid no tiene mar, se decidió hacer una playa junto al río.

En el mismo proyecto se aumentaron las zonas verdes y los carriles bici, por tanto se facilitó el uso de la bicicleta como medio de transporte y forma de hacer deporte. Madrid se esfuerza por ser una ciudad más ecológica; por esta razón, fomenta el transporte público. A lo largo de su historia, la red de metro ha crecido mucho; se han abierto muchas líneas, sobre todo en la primera década del siglo XXI, por eso se puede ir de un extremo a otro de la ciudad sin utilizar el coche.

3 UNIDAD 3. La bitácora curiosa
••

[5]
► Hola, Angona.
► Hola, ¿qué tal estáis?
► A ver si hemos acertado… Trabajas en casa, usas un ordenador y una línea ADSL. Tienes en Internet una página que se dedica a solucionar dudas o problemas gramaticales. ¿No es así?
► Efectivamente, soy consultor gramatical. Cualquier persona que se registre en mi página y pague una cuota mensual o anual puede hacer todo tipo de preguntas relacionadas con la lengua española. Mi compromiso es responder en menos de 48 horas.
► Qué interesante, Angona, y qué útil.
► Sí, a mí me encanta mi trabajo. Si queréis, os puedo enseñar algunos ejemplos.
► Pues, la verdad, nos gustaría mucho. Muchas gracias.

[6]   Para mí, lo primero es el tipo de trabajo. Creo que no soportaría un trabajo aburrido. Lo ideal es que esté relacionado con mi formación y mis intereses, pero tal y como están las cosas, me conformaría con un trabajo interesante. Otro aspecto también muy importante es el horario: me gustaría tener una jornada laboral continua, es decir, juntar todas las horas o por la mañana o por la tarde, aunque preferiría trabajar por la mañana. Y, por supuesto, lo siguiente es el salario. Debería ser justo y proporcional a las horas, a la responsabilidad, a la especialidad… El siguiente aspecto que valoraría serían las vacaciones: si me ofrecen más de los 30 días obligatorios, pues estaría muy bien… Y si no tengo que perder mucho tiempo en trasladarme, pues mejor, pero sería lo último que tendría en cuenta.

En cuanto a los cinco trabajos más difíciles o duros, a ver…, déjame pensar…

Uno sería camarero, porque normalmente tienen que trabajar los fines de semana. Dos, peluquero porque pasan muchas horas de pie. Tres, dependiente porque tienen una jornada laboral partida. Cuatro, taquillero porque normalmente están muchas horas en un espacio muy pequeño y cinco, policía de tráfico porque corren el peligro de que les atropellen los coches.

4 UNIDAD 4. La bitácora soñadora
••

[7]   1.
Me quedan solamente dos meses para terminar la Universidad. Cuando termine, volveré a Chile y tendré que buscar trabajo. Samantha quiere que nos casemos y que compremos un piso, y hasta habla de hijos. ¡Pero si todavía somos jóvenes! Ella dice que soy como Peter Pan.

2.
Mi mujer está embarazada. ¡Vamos a tener nuestro primer hijo! Estamos muy contentos, pero sabemos que, cuando nazca, nuestra vida cambiará mucho. ¡Un bebé!
¿Qué se hace con un bebé?

3.

Termina mi contrato de trabajo en Nueva York dentro de poco y vuelvo a mi trabajo en México. Me hace mucha ilusión volver a mi país, pero hace 15 años que me fui y me resulta extraño. Mi hijo nació aquí, en Nueva York, creo que no le gusta la idea de dejar su colegio y a sus amigos. Le he dicho que cuando empiece el nuevo colegio y conozca a otros compañeros, le gustará.

4.

Mi hija Marta empieza la universidad el año que viene y quiere ir a España a estudiar. Estoy contenta por ella: empieza una nueva etapa, pero cuando se vaya, la voy a echar mucho de menos. Supongo que tendré que acostumbrarme. ¡Cómo pasa el tiempo! ¡Mi hija en la universidad! Me hago vieja.

5.

¿Planes? ¡Uf! No recuerdo si os dije que estoy escribiendo un libro para mi universidad, pues os podéis imaginar... Llevo un año sin tiempo para nada. Así que cuando lo termine (no falta mucho), me cogeré un mes de vacaciones para irme a la playa y no hacer nada. Absolutamente nada.

[8]

1. El matrimonio:

▶ Es un paso más del amor: cuando alguien te dice que quiere casarse contigo, significa que quiere pasar el resto de la vida contigo. Es bonito.

▶ Bueno, cuando compartes tu vida con una persona pierdes parte de libertad y de individualidad, ¿no crees?

2. Pagar una hipoteca:

▶ Si tienes una hipoteca significa que has podido comprar un piso y eso, hoy en día, ya es mucho, porque no todo el mundo puede hacerlo.

▶ Sí, pero te pasas el resto de tu vida trabajando para poder pagar al banco.

3. Quedarse embarazada:

▶ Si has elegido tener hijos, ha sido tu decisión, entonces es algo positivo. Los hijos te aportan muchas cosas y es una buena experiencia ver cómo crecen y se hacen adultos.

▶ Sí, claro, pero eso no significa que todo es positivo. Cuando tienes hijos te cambia mucho la vida: no tienes tiempo para ti, duermes poco, estás más cansada...

4. Asumir responsabilidades:

▶ Ser responsable te hace crecer como persona y madurar como adulto.

▶ Sí... Y tener depresiones.

5. Tener obligaciones:

▶ Para el ser humano es necesario saber que hay cosas que tienes que hacer. Le da sentido a tu vida: tienes una finalidad, un objetivo.

▶ Sí, pero a veces son tan grandes y tantas, que no te dejan tiempo para otras cosas que también son muy importantes y necesarias para el ser humano, como el ocio o estar un día entero sin hacer nada, solo tumbado.

[9]

1. Por teléfono:

▶ Oye, ¿cuándo vamos a ir a comer a ese sitio tan fantástico que nos recomendaron?

▶ Sí, sí, es verdad. En cuanto acabe el curso que estoy haciendo, te llamo y quedamos.

▶ Vale, cuando quieras, pero avísame con tiempo. Ya sabes que yo también estoy muy liado.

2. En la oficina:

▶ ¿Está David por aquí?

▶ Sí, estaba aquí hace un momento pero... ¿Dónde vas? Espera dos minutos, que no creo que tarde. Habrá ido al servicio...

▶ Cuando lo veas, dile que se pase por mi despacho que tengo una cosa que decirle.

Etapa 8

3. Dos amigas:

► En cuanto llegue a casa, tiro estos zapatos a la basura...

► ¿Te hacen daño?

► No, que va, voy comodísima con ellos, pero son del año pasado y siento que todo el mundo me mira por la calle.

► ¡Qué exagerada eres!

4. En casa, un matrimonio:

► En mi departamento ya han puesto el *planning* para que apuntemos cuándo queremos las vacaciones. ¿Tú ya sabes cuándo podrás cogerlas?

► Ni idea, ya sabes que el verano es una época fuerte en mi oficina... No sé, a lo mejor puedo escaparme unos días a finales de septiembre, pero ya veremos...

► Bueno pues cuando lo sepas, dímelo...

5 UNIDAD 5. La bitácora existencial

[10] Los asesores laborales recomiendan conocer nuestro perfil profesional para hacer una búsqueda de trabajo más efectiva. Es importante conocerse a uno mismo y saber a qué puestos de trabajo podemos optar.

El perfil profesional contiene las competencias del candidato necesarias para responsabilizarse de las funciones del puesto de trabajo. Es importante que entre la descripción de las características del trabajador se puedan encontrar: su experiencia laboral (es conveniente mostrar los trabajos que has desempeñado y que estén relacionados con el puesto que se oferta) y la titulación profesional y los conocimientos relevantes teniendo en cuenta el cargo. En definitiva, toda la formación que has recibido. Además, conviene incluir las características de tu personalidad y las habilidades que posees para garantizar el éxito en ese trabajo. También es bueno dejar ver la motivación, es decir, los intereses que tienes a nivel profesional y tus gustos.

Desde un punto de vista práctico, determinar tu perfil laboral te ayudará a seleccionar la información que vas a poner en tu currículo y la carta de presentación, así podrás redactarlos adecuadamente. También puedes predecir qué preguntas van a hacerte en la entrevista y qué tipo de test psicotécnico, será mucho más fácil prepararlos. Con tu perfil también descubrirás los puntos fuertes y débiles no solo de tu personalidad, sino también de tu formación.

En cualquier caso, conocer el perfil profesional da seguridad a los aspirantes a un trabajo.

[11] 1. ¡Cómo nadan!; 2. ¿Cómo vuelan?; 3. ¡Cómo resisten!; 4. ¡Cómo dan pedales!; 5. ¿Cómo se tiran del avión?

[12] **1.**

► ¿El cantante del grupo de rock "A lo loco" murió?

► Yo creo que no.

2.

► Me parece que Alicia está enfadada.

► No, yo creo que no. ¿Por qué lo dices?

► Ha estado toda la noche sin decir nada.

► ¡Ah, no! Es que Alicia es así, no habla mucho, pero no está enfadada.

3.

► Me han dicho que tu hijo pequeño ha terminado la universidad con unas notas estupendas.

► Sí, sí, estoy muy satisfecho con sus resultados.

4.

► Adrián, ¿qué te pasa hoy? No has dicho ni una palabra, ¿tienes algún problema?

► No, no, solamente me duele un poco la cabeza y estoy cansado.

5.

► Sandra está muy enfadada conmigo... Solo porque le he dicho que no me gustó lo que dijo en la reunión.

► Bueno, ya sabes que a Sandra no le gusta que le digan lo que hace mal.

6.

► Manuel se parece a su madre, ¿verdad? ¡Siempre tan alegre! Es listo, ¿eh? Mírale, ya tiene todos los juguetes de sus amigos.

► Pues la verdad es que sí...

7.

► Mi compañero de la autoescuela es muy majo. Ayer dije que hoy era mi cumpleaños y hoy ha venido con un regalo.

► ¡Qué amable!, ¿no?

8.

► Carlos, a las ocho paso a buscarte para ir al aeropuerto. ¿Tienes todo preparado?

► Sí, no te preocupes, a las ocho lo tengo todo.

9.

► Me gustaría comprarme una casa en el campo.

► ¡Anda! Pues yo tengo un amigo que tiene una inmobiliaria, te lo presento, que él te puede ayudar.

10.

► Andrea, escucha, que nunca pones atención.

► Que sí, mamá, que ya sé cómo lo tengo que hacer.

FICHA 11. Actividad extra

[13]   *Pongamos que hablo de Madrid* de Joaquín Sabina

Allá donde se cruzan los caminos,
donde el mar no se puede concebir,
donde regresa siempre el fugitivo,
pongamos que hablo de Madrid.
Donde el deseo viaja en ascensores,
un agujero queda para mí,
que me dejo la vida en sus rincones,
pongamos que hablo de Madrid.
Las niñas ya no quieren ser princesas,
y a los niños les da por perseguir
el mar dentro de un vaso de ginebra,
pongamos que hablo de Madrid.

Los pájaros visitan al psiquiatra,
las estrellas se olvidan de salir,
la muerte viaja en ambulancias blancas,
pongamos que hablo de Madrid.
El sol es una estufa de butano,
la vida un metro a punto de partir,
hay una jeringuilla en el lavabo,
pongamos que hablo de Madrid.
Cuando la muerte venga a visitarme,
que me lleven al sur donde nací,
aquí no queda sitio para nadie,
pongamos que hablo de Madrid.

FICHA 15. Actividad extra

[14] Cuando te ofrecen un empleo, es muy importante tener en cuenta la modalidad de contrato que te están ofreciendo. No es lo mismo un contrato de jornada completa, cuarenta horas semanales, que un contrato de jornada a tiempo parcial, en el que el tiempo del trabajo es inferior al 77% de la jornada a tiempo completo.

Dentro de estas dos posibilidades de jornada existen diferentes modalidades de contrato. Por un lado, está el contrato indefinido, es aquel en el que el tiempo de las prestaciones laborales no tiene límite. Ofrece más estabilidad y seguridad.

Por otro lado, tenemos el contrato eventual. Este tipo de contrato puede ser por obra y servicio en el que no se especifica el tiempo y la duración dependerá del trabajo concreto, o temporal, donde se marca el tiempo que durará la prestación laboral: seis meses, doce meses...

Por último, si eres joven, licenciado y sin experiencia, pueden ofrecerte un contrato formativo o de prácticas. La finalidad es adquirir la experiencia que te falta para la integración al mundo laboral.

Sea cual sea tu tipo de contrato, en todos ellos debe especificarse tu derecho a los treinta días de vacaciones al año. Y tienes que saber que en las leyes laborales de España, se establecen doce días de fiestas anuales.

El horario laboral dependerá de la empresa. Lo más frecuente en España es la jornada partida, en la que se trabajan las ocho horas de la jornada en dos bloques de mañana y tarde con un descanso de una hora o dos horas para la comida. Pero cada vez va siendo más frecuente la jornada intensiva: siete u ocho horas en un horario continuado con una pausa de treinta minutos.

Etapa 8

1 Unidad 1. La bitácora sentimental

[15]

▶ Vosotras sois gemelas, ¿verdad?

▶ Sí.

▶ Dicen que las gemelas tienen los mismos sentimientos y emociones, ¿eso es cierto?

▶ Bueno…, no del todo cierto. Mira, por ejemplo, a mí me ponen de buen humor los días de sol, de calor, esos días salgo más a la calle, estoy más contenta, sonrío más. Sin embargo, mi hermana Ainara no los soporta, a ella le encanta que llueva, dice que es más saludable. En eso somos muy diferentes.

▶ Ainara, ¿es así?

▷ Sí, así es. Me pone de buen humor la lluvia, soy así de rarita. Bueno, y en otras cosas también nos diferenciamos. A mí me encanta tener todo ordenado, cada cosa en su sitio… Ya sabes, me pongo contenta cuando llego a casa y veo todo limpio, en orden. En cambio, mi hermana, ¡buf!, es un desastre. También me alegra caminar por la montaña, disfrutar de los colores, de los olores, del silencio.

▶ ¿Y a ti, Maite?

▶ Bueno, yo es que soy más urbanita, me pone muy contenta pasear por las ciudades, entre la gente, me hace sentir viva.

▶ Vaya, pues sí que sois diferentes. ¿No tenéis nada en común? A ver, Ainara, dime algo en común.

▷ Pues creo que a las dos nos alegra que toda la familia nos reunamos para comer o cenar y hablar de nuestras cosas. Vamos, que nos gusta escuchar las historias de los abuelos. ¿Verdad, Maite?

▶ Sí, sí, mucho. Y bueno, además tenemos una fobia en común, las dos nos ponemos muy nerviosas cuando tenemos un pájaro cerca, nos dan pánico.

▶ ¿Los pájaros? Y hablando de aspectos negativos, ¿qué más me decís?

▶ A Ainara le enfada mucho que la gente sea grosera o maleducada, ¡no veas cómo se pone! Y a mí, me molesta mucho que la gente se cuele, ya sabes, estás esperando en una cola y siempre llega algún listo.

▷ Maite, también nos pone de los nervios que la gente hable muy alto, no sé por qué dicen eso de los españoles, nosotras no somos así.

▶ Ya veo… Bueno, pues con esto es suficiente. Yo puedo añadir que sois las dos muy simpáticas.

▷ Gracias.

2 Unidad 2. La bitácora europea

[16] Tráfico, sofá, contaminación, árbol, acústica, cartel, teléfono, balcón, cine, público, hombre, lápiz.

[17]

▶ Hola, estamos haciendo una encuesta para saber cuáles serían los tres problemas más graves de su ciudad para usted. ¿Tienes unos minutos?

▶ Sí, sí.

▶ Muchas gracias. Pues, dime, ¿cuál es el problema más serio?

▶ Mira, yo creo que ahora mismo el paro sería el mayor problema, tienes que tener en cuenta que un 20 por ciento de la población española no tiene trabajo, y aquí no sé cuál es el porcentaje, pero también es alto. El segundo problema para mí sería el coste de las casas, tanto para alquilar como para comprar, es increíble lo que ha subido el precio en los últimos años.

▶ De hecho, dicen que esta ciudad es una de las más caras por metro cuadrado.

▶ Sí, sí es verdad, creo que en el *ranking* está la tercera.

► ¿Y cuál sería el tercer problema?
► Uno que me afecta a mí especialmente: el ruido que hacen todos los coches en la hora punta, el ruido de los bares, discotecas, etc. Yo vivo en el centro y los fines de semana por la noche es horrible.
► Pues esto es todo. Muchas gracias.
► Gracias a ti.

[18]

1.
► Yo no sabía que Granada era la ciudad a la que más estudiantes Erasmus iban.
► Pues cuando llegué a Granada y paseé por sus calles, supe que sería un destino muy solicitado.
► ¡Ah! ¿Sí? ¿Y cuándo estuviste? No me lo habías dicho.
► Hombre, tampoco tienes que saber todos los sitios en los que he estado, ¿no?

2.
► No me extraña nada que Estocolmo haya ganado el premio, porque cuando estuve allí en Semana Santa supe que sería ella la ciudad galardonada.

► ¿Sí? ¿Por qué?
► Porque la mayoría de la gente va andando o en transporte público, que funciona con electricidad. Además hay bastantes taxis que son ecológicos y utilizan etanol.
► Pues yo, la verdad, es que no tenía ni idea de que existiera ese premio.

3.
► ¿Moscú la ciudad más cara del mundo? Yo no lo sabía, pero tampoco tenía otra candidata, como viajo poco...
► Sí, a mí me pasa lo mismo.

3 Unidad 3. La bitácora curiosa

[19] **a.**
Yo me pondría morada a comer helados, no sabría por dónde empezar, quizá por los sabores más suaves y dejaría el chocolate y el turrón para el final. Lo peor sería los kilos de más, ¿qué haría luego para quitármelos?

b.
Pues a mí me encantaría lo de volar a mil sitios. Haría un viaje cada día y probaría todas las bebidas que ofrecen: un vinito a la hora de comer, una cervecita por la tarde. También sería un pasajero molesto de los que están todo el tiempo pidiendo cosas y protestando.

c.
El trabajo de mi vida sería el de probar los videojuegos. ¿Os imagináis? Estaría las veinticuatro horas pasando de pantalla en pantalla, viviría mil aventuras, visitaría escenarios diferentes, creo que ni comería porque no podría apartarme del ordenador. ¡Qué estrés! ¿No?

d.
Pues yo diseñaría los vestidos que siempre he soñado: superrománticos y modernos. Ganaría mucho dinero, lo que me permitiría viajar por todo el mundo.

[20]
► Estamos entrevistando a profesionales que tienen trabajos fuera de lo corriente. ¿Podríamos hacerte unas preguntas? Será muy rápido.
► Claro, será un placer.
► ¿Desde cuándo trabajas como médico de muñecas?
► Desde el verano del 2000, ¡cómo pasa el tiempo!

▶ Sí, muy rápido. Dime, ¿por qué elegiste esta profesión?

▶ Pues verás, porque de pequeño ya me gustaba arreglar a mi hermana las muñecas que ella rompía, además se me daba muy bien. Al principio solo era un entretenimiento, pero con el tiempo descubrí que podía ser mi profesión y aquí estoy.

▶ ¿Y cuánto tiempo tardas en arreglar una muñeca?

▶ Pues depende, como suelen ser muy delicadas, podemos estar desde dos a cinco días arreglando los desperfectos.

▶ ¿Y podrías contarme por qué surgieron los sanatorios de muñecas?

▶ Claro, los sanatorios surgieron para arreglar las muñecas de colección que al ser muy frágiles se rompían con facilidad.

▶ Solo dos preguntas más y te dejo continuar con tu tarea: ¿hasta cuándo trabajarás como médico de muñecas?

▶ Bueno, eso es difícil de decir, yo creo que hasta que me jubile, pero nunca se sabe dónde puede acabar uno, ¿no?

▶ Y por último, ¿Tienes un buen horario?

▶ Bueno, no está mal. Trabajo de nueve a tres de la tarde de lunes a sábado; preferiría tener el sábado libre, pero de momento no puede ser.

▶ Pues muchas gracias por tu tiempo.

[21] 1.

▶ Camarero, por favor.

▶ ¿Qué desea?

▶ Quiero el libro de reclamaciones ahora mismo, llevamos media hora esperando a que nos sirvan el primer plato y estamos hambrientos; además el servicio en este establecimiento es pésimo, la cerveza que nos han traído está caliente y la tapa es escasa, y no digamos los precios: ¡qué locura! Ustedes cobran 15 euros por cualquier entrante. Decididamente esta será la primera y la última vez que vengo aquí.

▶ Sí, señor ahora mismo le traigo el libro de reclamaciones.

2.

▶ Buenos días, ¿en qué puedo ayudarle?

▶ Pues quería un marco de fotos de plata, es para poner la foto de mi nieta.

▶ ¿De qué tamaño lo quiere?

▶ Pues no muy grande, como este que tiene aquí. Tengo una foto preciosa del cumpleaños de mi nieta, estaba guapísima, cumplía siete años y le regalaron su primera bici-

cleta, ¡qué contenta se puso!, luego solo quería salir a la calle para montarse en ella. Pero hacía tanto calor, que ninguno queríamos salir de casa y entonces ella se puso a llorar y a gritar…

3.

▶ Hola, buenas tardes, le atiende Rosa, ¿en qué puedo ayudarle?

▶ Buenas tardes, verá… Tengo un problema con la línea de ADSL, quiero instalarla en mi casa y ya he hablado con otras tres compañías de telefonía y ninguna puede darme el servicio porque me dicen que no cubren la zona donde vivo.

▶ ¿Y cuál es su domicilio?

▶ No creo que ustedes cubran esta zona, pero lo tengo que intentar, verá es un barrio nuevo, alejado del centro…

▶ Bueno, dígame dónde vive y veremos.

▶ Sí, en la calle del Pez volador, n.º 13. No me lo diga, no me pueden poner ustedes tampoco la línea, ¿verdad? Y si al final consigo el ADSL, seguro que me daría muchos problemas. Mejor lo dejamos. ¡Qué mala suerte tengo!

4 UNIDAD 4. La bitácora soñadora
••

[22]

▶ Hola, buenos días y gracias por venir a hablarnos de las diferentes etapas de la vida. Primero nos gustaría que nos dijeras cómo se denominan.

► Muy bien, de acuerdo. La primera es la infancia, la segunda, la niñez, después viene la adolescencia, seguida de la juventud, la quinta etapa sería la madurez o adultez y por último la vejez.

► En la etapa de la infancia, que llegaría más o menos hasta los cuatro años, ¿cuáles son las características principales?

► Bueno, primero tenemos que decir que realmente la infancia duraría hasta los cinco o seis años, aproximadamente, y tiene muchísimas características pero probablemente la más obvia es que todo gira en torno al "yo".

► Esta característica continúa en la niñez, ¿verdad?

► Sí, llevas razón pero en esta etapa los niños empiezan a tratar con sus amigos del colegio y se van volviendo un poquito menos egocéntricos. Es una edad muy bonita en la que hay muchos cambios, por ejemplo, en la manera de hablar.

► Llegamos a una de las etapas más conflictivas, la adolescencia.

► Sí, tienes que tener en cuenta que cuando se tienen quince, dieciséis años te crees muy mayor, pero realmente no tienes experiencia suficiente para afrontar los problemas de la vida adulta. Y a esto hay que añadir que tu físico cambia y normalmente no te gustas porque tienes espinillas, granos, etc.

► Menos mal que se pasa.

► Bueno, y luego estaría la juventud, etapa en la que teóricamente te emancipas, pero en la práctica muchos jóvenes de veinticuatro, veinticinco años siguen viviendo con sus padres.

► ¿Y qué opinas de la madurez?

► Pues... que es una etapa maravillosa en la que ya se sabe lo que se quiere y se está desarrollado en todos los aspectos.

► Y para terminar, ¿qué nos dices de la vejez o tercera edad?

► Que a partir de los sesenta y cinco años uno puede hacer lo que quiera, que para eso ha trabajado durante toda la vida. El único problema que veo es que también empiezan los problemas relacionados con la salud.

► Pues esto es todo. Muchas gracias.

► Muchas gracias a ti.

[23]

► ¿Cuándo tienes el examen?

► No lo sé, porque todavía no ha salido la fecha publicada, pero imagino que a finales de este mes.

► Y ¿qué vas a hacer cuándo lo hagas? Te ibas a ir de vacaciones, ¿no?

► Pues no lo sé, pero ese día en cuanto termine el examen me voy a ir de cañas con mis amigos.

► Y si apruebas, ¿cuándo empezarás a trabajar?

► En cuanto salgan las listas de aprobados, tienes que elegir el destino, y dependiendo de esto, empiezas un día u otro.

► Pues, que tengas mucha suerte.

► Gracias, cuando sepa algo, te llamo.

4 Unidad 5. La bitácora existencial

[24]

► Hola, buenos días, Fernando. Siéntate, por favor.

► Gracias, buenos días.

► Veamos, ya sabes que somos una empresa de ocio y tiempo libre, ¿no?

► Sí, claro, la mejor en estos momentos, por eso les he enviado mi currículum.

► Bien, entonces también sabrás que solo contratamos a los profesionales más capacitados.

► Por supuesto, como les decía en mi carta de presentación, tengo cinco años de experiencia en campamentos de aventura con niños y adolescentes. Además, soy una persona muy paciente y metódica, cualidades esenciales para la enseñanza de la práctica de los deportes de riesgo.

► Estupendo, ese es el perfil que estamos buscando, por eso te hemos llamado para hacerte una entrevista. Pero, dime, ¿durante los cinco años de campamentos hubo algún problema o accidente con algún niño?

► No, nada de eso, yo suelo ser muy intuitivo y preveo los problemas antes de que aparezcan, así que hasta ahora nunca nos ha pasado nada. Todo lo contrario, como se me da muy bien tratar con adolescentes, siempre he tenido una buena relación con ellos y la experiencia ha sido muy buena.

► Perfecto, entonces. Una cosa más. El horario de los campamentos es intensivo de ocho de la mañana a diez de la noche, porque además de la enseñanza de los deportes tienes que pasar el resto del tiempo con los niños. ¿Estás dispuesto a tener esta jornada durante quince días?

► Por supuesto, ya le digo que no me cuestan las relaciones con los chavales, además yo tengo gran capacidad de trabajo. He llegado a hacer jornadas de quince horas ininterrumpidas, así que estoy acostumbrado.

► Y lo último que te quería comentar es que nosotros no siempre tenemos todas las actividades programadas, a veces hay que improvisar y...

► Sin problema, la verdad es que tengo facilidad para inventar actividades creativas rápidamente, no me gusta tener todo programado y no poder hacer algo diferente. Prefiero tener cierto margen para la improvisación y así dar respuesta a las necesidades de cada grupo, ¿no cree?

► Totalmente de acuerdo, creo que hemos encontrado a la persona adecuada para el trabajo. La semana que viene puede pasar a firmar el contrato y entonces hablaremos del sueldo.

► De acuerdo, pero pienso que es mejor que hablemos ahora de las condiciones económicas y de esta forma ya dejamos cerrado todo el asunto.

► Bien, veo que además tienes facilidad de palabra. Pues ganarás...

[25] 1. ¡Qué velocidad!; 2. ¡Es asombroso cómo se desplaza!; 3. ¡Fue increíble cómo salió a la superficie!; Sí, ¡qué increíble!; 4. ¡Qué vértigo!; 5. ¡Es impresionante cómo escalan!; 6. ¡Es admirable cómo navegan!; 7. ¡Qué miedo!; 8. ¡Fue asombroso cómo pudimos salir sanos y salvos de aquella situación!

Etapa 8

El blog

Fichas y transparencias

Me gusta, no me gusta

A
La pantera rosa, 1964: Oscar al mejor cortometraje animado.

F
La vida de Brian (1979). Tercer largometraje del grupo de comedia inglés Monty Python. Es, junto con *Los caballeros de la mesa cuadrada*, su obra más exitosa.

B
Isaac Newton (1643–1727). Su obra es considerada la culminación de la revolución científica.

G
Andy Warhol (1928–1987). Artista plástico y cineasta estadounidense que desempeñó un papel crucial en el nacimiento y desarrollo del *pop art*.

C
Miguel Mihura (1905–1977). Autor, actor y empresario teatral. *Tres sombreros de copa* es una de sus mejores comedias.

H
Auguste Rodin (1840–1917). Adscrito a la corriente impresionista. Ha sido denominado en la historia del arte el primer moderno.

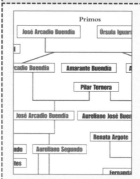

D
Woody Allen (1935). Es uno de los directores más respetados e influyentes de la era moderna.

I
El mecano. Juego de piezas con el que se construyen diferentes objetos.

E
Cien años de soledad del escritor colombiano Gabriel García Márquez. Considerada una obra maestra de la literatura hispanoamericana.

J
Esta expresión se utiliza cuando no queremos expresar nuestra opinión.

Tres sombreros de copa

Tres sombreros de copa de Miguel Mihura

DIONISIO: Hace siete años que vengo a este hotel y cada año encuentro una nueva mejora. Primero quitó usted las _____ (1) de la cocina y se las llevó al comedor. Después las quitó usted del comedor y se las llevó a la sala. Y otro día las sacó usted de la sala y se las llevó de paseo al campo, en donde, por fin, las pudo usted dar esquinazo... ¡Fue magnífico! Luego puso usted la (2) _____. (...) Ahora el _____ (3)... De una fonda de segundo orden ha hecho usted un hotel confortable... Y los precios siguen siendo económicos... ¡Esto supone la ruina, Don Rosario...!

DON ROSARIO: Ya me conoce usted, don Dionisio. No lo puedo remediar. Soy así. Todo me parece poco para mis huéspedes de mi alma...

DIONISIO: Pero, sin embargo, exagera usted... No está bien que cuando hace frío nos _____ (4); ni que cuando estamos constipados _____ (5) para darnos más calor y sudar; ni que nos dé usted _____ (6) cuando nos marchamos de viaje. (...) ¡Es ya demasiada bondad...! ¡Abusan de usted...!

¿Qué te hace feliz? ¿Qué te da miedo?

1. Hola, este mensaje es para Pitágoras. Me llamo Sole y a mí me da mucha pena que pase el tiempo y que no ocurra nada. Me da rabia que me llamen y no me dejen mensajes en el contestador, me pongo muy contenta cuando salgo de trabajar y tengo muchas llamadas perdidas en el móvil... Y no sé, me molesta que me empujen en el metro y no me pidan perdón... ¡Ah! Y me pone enferma que tengamos que hacer cola para todo.

2. Buenas, Pitágoras, soy Ramón. ¡Qué bien que nos pidas que te contemos nuestras penas y nuestras alegrías! Me alegro de que alguien quiera hablar de sentimientos... Bien, entonces, empiezo... La verdad es que ahora no se me ocurre nada.

3. ¡Ay! ¡Qué nerviosa me pongo cuando hablo con un contestador! Hola, Pitágoras. Me llamo Lucía y no soporto que se dejen un grifo medio abierto, sobre todo por las noches, me pone muy nerviosa estar acostada y escuchar el ruido de las gotas. Me molesta que el despertador suene todas las mañanas a la misma hora...

4. Bueno, pues soy Luis y me encanta el buen tiempo, me pone de buen humor asomarme por la ventana y ver el sol, no soporto llevar paraguas y me da rabia que el mal tiempo me estropee los planes. Me pone nervioso que la gente siempre esté contenta aunque llueva, nieve... No sé, no lo entiendo.

5. Pitágoras, me llamo Chelo. Me pone triste que la vida sea tan difícil. Me da miedo que las noticias sobre el hambre, la violencia, la injusticia, la desigualdad nos dejen indiferentes.

Estados de ánimo y sentimientos

RABIA

GUSTO

MOLESTIA

MIEDO

ODIO

NERVIOSISMO

TRISTEZA

ABURRIMIENTO

ALEGRÍA

UNIDAD 1 - Ficha 5

Noticias que revuelven

Blog - La bitácora sentimental

BITÁCORA SENTIMENTAL

Comentarios | Post | Editar entrada

Ángel Azul dijo...   Jueves, 15 de marzo

Hay algunas noticias que me confunden y otras que me revuelven los sentimientos. Esto me ha ocurrido cuando he leído estas:

---

(1) ROMA, (EUROPA PRESS)

Viernes, 7 de junio

La Federación Italiana de Fútbol y el Comité Olímpico Italiano han acordado prohibir, en once campos de fútbol, la entrada de público a los partidos entre equipos de las Series A y B transalpinas, como medida tras el altercado en Sicilia en el que varios aficionados mataron a un policía.

---

(2) MADRID, (EUROPA PRESS)

Miércoles, 12 de junio

Gérard Depardieu y Gérard Jugnot protagonizan *Tenemos un problema gordo. ¿Qué le has dado a mi mujer?*, adaptación del clásico de 1932 de Jean Rendir (*Boudu salvado de las aguas*).

---

(3) PARÍS, (EUROPA PRESS/Aída Palau)

Jueves, 20 de junio

Los científicos levantaron este viernes la voz de alarma en un informe sin precedentes: el recalentamiento de la Tierra se acelera y con él las lluvias torrenciales, la desertificación de las zonas subtropicales y la subida del nivel agua de los océanos.

Comenta: Ángel Azul

Síguenos en:
flickr

Buscar en el blog:
Buscar

Mi álbum de fotos:

Entradas:
▼ 2010
  ▼ Marzo
    ➤ Siento, no siento
    ➤ Me gusta, no me gusta
    ➤ Conocemos

UNIDAD I - Ficha 6

Noticias con sentimientos

BITÁCORA SENTIMENTAL

Comentarios | Post | Editar entrada

Ángel Azul dijo...   Jueves, 15 de marzo

Hay algunas noticias que me confunden y otras que me revuelven los sentimientos.

1

1 Me da rabia
2 Me fastidian
3 Me molesta

a Ø
b que
c cuando

1 hagan adaptaciones de películas antiguas.
2 versionan películas porque parece que ya no tenemos imaginación.
3 las adaptaciones de las películas antiguas.

2

1 Me alegro de
2 No soporto
3 Me ponen enferma

a Ø
b Ø
c que

1 escuchar o leer que el deporte origina violencia.
2 se tomen medidas contra la violencia en el fútbol.
3 los aficionados violentos.

3

1 Me pongo nerviosa
2 Me da miedo
3 Me pone triste

a que
b cuando
c Ø

1 veo que nos estamos cargando el planeta.
2 los seres humanos estemos haciendo esto con la Tierra.
3 pensar en el futuro de la humanidad.

Comenta: Ángel Azul

Síguenos en:
flickr

Buscar en el blog:
[Buscar]

Mi álbum de fotos:

Entradas:
▼ 2010
 ▼ Marzo
  ➤ Siento, no siento
  ➤ Me gusta, no me gusta
  ➤ Conocemos

Guía para mejorar borradores

Primera lectura

■ **Comprueba que la información del texto tiene sentido:**

- ¿El tipo de texto y el esquema están bien desarrollados?
- ¿Ha incluido la información que es relevante para el lector?
- ¿Ha excluido la información irrelevante?
- ¿Presenta la información de una forma clara y siguiendo una secuencia lógica?

Segunda lectura

■ **Comprueba que las palabras y frases son correctas:**

- ¿Se pueden reemplazar palabras de contenido general por otras más precisas?
- Las frases y las palabras que utiliza: ¿describen bien lo que se quiere decir?
- Comprueba la ortografía, la puntuación y la gramática.

Por último

- Marca tres cosas que te gusten del escrito.
- Si tuvieras que añadir algo, ¿qué sería?
- Si tuvieras que suprimir algo, ¿qué sería?
- ¿Qué crítica (no gramatical) harías al texto?

Estudiantes Erasmus

¡Hola! Voy a ir Zaragoza. ¿Allí el queso será tan bueno como aquí?
Espero poder utilizar mi bicicleta para ir a la universidad.

Maarten

Del norte de Europa voy al sur de España: Granada. Siempre he querido conocer esta ciudad y por fin lo haré.
Seguro que voy a echar de menos la sauna, allí seguramente no habrá.

Linda

¡Qué ganas tengo de comer una paella junto a la playa! Dicen que en el este de España, en Alicante, está riquísima. Espero no tener muchos problemas con el idioma porque es muy parecido. Ciao.

Chiara

Pronto estaré en Bilbao, veré por fin el Guggenheim. Adiós, Colonia.

Karl

Me voy de Bruselas, la capital de mi país, a otra capital. ¿Notaré mucho el cambio? Dicen que los madrileños son muy acogedores.

Sonia

¡Saludos! Me gustaría aprender a bailar flamenco y por suerte me ha tocado una ciudad que está en el sur de España: sol y pescado rico como en mi Grecia natal.

Apostolis

UNIDAD 2 - Ficha 9A

¿Qué hay en esta ciudad?

↑ ⊙ Centro
↑ P Parking
↑ ✗ Restaurante
← 🖼 Mirador

¿Qué hay en esta ciudad?

ALCANTARILLA	**CARTEL**
CONTENEDOR DE RECICLAJE	**FAROLA**
FUENTE	**PAPELERA**
SEMÁFORO	**BANCO**
BUZÓN DE CORREOS	**PARQUÍMETRO**
MARQUESINA	**JARDINERA**

¿Qué hay en esta ciudad?

UNIDAD 2 - Ficha 10

Problemas de ciudad

BITÁCORA EUROPEA

Comentarios   Post   Editar entrada

🌐 **Publicar un comentario en: La bitácora europea**

Comentan:
- Arián
- Arichi
- Solidario
- Yescandrea
- Miss Verde

Síguenos en:
flickr · t · f

Buscar en el blog:
[   ] Buscar

Mi álbum de fotos:

Entradas:
▼ 2010
▼ Julio
> Problemas de las grandes ciudades
> Ciudades europeas

1. Adrián dijo...

Apostolis, me ha encantado la idea de la encuesta. En mi ciudad también existen esos problemas, pero hay uno que no está en la encuesta y que a mí me preocupa bastante. Vivo en el centro de una ciudad y entre los cláxones de los coches, los bares y las voces de la gente no puedo dormir; desde luego esta ciudad no es muy silenciosa.

PROBLEMA: ....

2. Solidario dijo...

En mi ciudad también tenemos el problema que dice Adrián, pero además me da mucha pena la gente que duerme en la calle, que no tiene una casa donde vivir, ni comida para alimentarse, ¿es que nadie puede hacer nada por ellos? Los sin techo deberían ser un problema de todos y tendríamos que dar una solución ya.

PROBLEMA: ....

3. Miss Verde dijo...

Hola a todos, soy de Dublín y, como probablemente todos sabéis, aquello es muy verde y tiene muchos parques, por eso me ha sorprendido mucho ver que las ciudades aquí tienen otros colores. A veces, siento nostalgia de mi país, claro que también hay muchas cosas buenas ;)

Bueno, estudiad mucho, je, je, je.

PROBLEMA: ....

4. Arichi dijo...

Hola a todos, ¿qué tal por España? ¿Verdad que es un país precioso y que la gente es muy maja? La verdad es que me encanta este país, pero también es cierto que en las grandes ciudades hay bastantes problemas. Nadie ha hablado de algo muy grave que afecta a todas las grandes ciudades del mundo. Debido a las fábricas, al tráfico, a tantas cosas, ¡casi no se puede respirar! En los días soleados se puede ver una nube amarilla cubriendo la ciudad, ¡es muy fuerte!, ¿verdad? Espero que todos nos concienciemos y acabemos con este problema.

PROBLEMA: ....

5. Yescandrea dijo...

¡Qué cantidad de problemas! Pues tengo que añadir uno más. ¿Os habéis dado cuenta de que producimos mucha basura? Y lo peor es que no somos conscientes, no reciclamos, ni separamos la basura, los contenedores se llenan en pocas horas de todo tipo de envases: botellas, plásticos, etc.

PROBLEMA: ....

Pongamos que hablo de Madrid

1. Joaquín Sabina es un cantante español que lleva muchos años viviendo en Madrid. En los años ochenta escribió una canción hablando de los problemas de esta ciudad. Vamos a escucharla, pero antes, completa estas frases extraídas de la canción con estas palabras.

| las estrellas ▌ una jeringuilla ▌ sitio (=espacio) ▌ una estufa ▌ ginebra ▌ un metro |

a. A los niños les da por perseguir el mar dentro de un vaso de ....
b. .... se olvidan de salir.
c. El sol es .... de butano.
d. La vida es .... a punto de partir.
e. Hay .... en el lavabo.
f. Aquí no queda .... para nadie.

2. 🔊 **Escucha la canción y comprueba si coincide.**

3. Las frases que hemos completado hacen referencia a algunos problemas de las grandes ciudades. Vuelve a escuchar y escribe cómo se expresan en la canción estas ideas.

El problema es:	En la canción se dice:
a. Hay demasiada contaminación y a menudo las nubes grises ocultan el cielo.	Las estrellas se olvidan de salir.
b. Hay drogodependientes que consumen droga en baños públicos.	
c. Los jóvenes no tienen ilusiones, crean un mundo ficticio con el consumo de alcohol.	
d. La población de la ciudad ha crecido a causa de los inmigrantes de otras ciudades y países.	
e. La contaminación hace que el sol caliente más en las ciudades.	
f. Mucha gente va con prisas y vive con estrés en las ciudades.	

4. La canción de Sabina refleja los problemas de los años 80, ¿crees que Madrid ha cambiado algo o crees que alguno de estos problemas sigue existiendo? ¿Y en tu ciudad?

Si vas a mi ciudad

a. Visitar su catedral: es la mayor de Alemania.

h. No fumar en lugares públicos, ni al aire libre.

b. Asistir a las actividades culturales que ofrece la ciudad.

i. Ir a algunas de las cien galerías de arte que hay por toda la ciudad.

c. En agosto, disfrutar de la fiesta del marisco.

j. Contemplar la catedral más antigua de Escandinavia.

d. No ir en coche, hay que comprar una tarjeta para circular.

k. No dejar de ir al carnaval. La celebración empieza el día 11 del mes 11 a las 11:11.

e. Comer codillo (hämchen) y probar la típica cerveza (kölsch).

l. Quedar en un café para hablar de temas muy variados con los universitarios.

f. Escuchar un concierto en Opernhaus: una de las principales salas de conciertos de Europa.

m. No perderse su museo al aire libre con colecciones históricas, arte y artesanía.

g. Darse una vuelta por el casco antiguo.

n. Pasear por la ciudad vieja y por la orilla del Rhin.

UNIDAD 3 - Ficha 13

El condicional

Condicional simple

Usos:

Dar consejos: *Yo que tú, no trabajaría tanto y dormiría más.*

Expresar hipótesis en el futuro: *Por nada del mundo me iría a una isla desierta.*

Regulares

Se forma con el infinitivo del verbo y las siguientes terminaciones:

(Yo)		-ía
(Tú)		-ías
(Él/ella/usted)	hablar	-ía
(Nosotros/as)	beber	-íamos
(Vosotros/as)	dormir	-íais
(Ellos/ellas/ustedes)		-ían

Irregulares

Los irregulares del condicional simple son los mismos y tienen la misma forma que los del futuro imperfecto, pero con las terminaciones del condicional.

caber: **cabr-**   venir: **vendr-**

decir: **dir-**   haber: **habr-**

poner: **pondr-**   valer: **valdr-**

salir: **saldr-**   saber: **sabr-**

tener: **tendr-**   querer: **querr-**

poder: **podr-**   hacer: **har-**

Gramática y diccionarios de la RAE

Lee el siguiente texto, busca en el diccionario las palabras que no comprendas, haz un resumen y cuenta a tus compañeros, con tus palabras, la información que consideres más importante.

Nueva gramática de la lengua española

La Nueva gramática, publicada por la editorial Espasa en 2009, es la primera gramática académica desde 1931 y ofrece el resultado de once años de trabajo de las veintidós Academias de la Lengua Española, que aquí fijan la norma lingüística para todos los hispanohablantes.

La Nueva gramática de la lengua española quiere ofrecer un mapa del español en todo el mundo. Se caracteriza por ser una obra:

- **colectiva**. Ha sido elaborada por las veintidós Academias de la Lengua Española y muestra el español de todas las áreas lingüísticas con sus variantes geográficas y sociales;

- **panhispánica**. Refleja la unidad y la diversidad del español;

- **descriptiva**. Expone las pautas que conforman la estructura del idioma y analiza profundamente las propiedades de cada construcción;

- **normativa**. Recomienda unos usos y desaconseja otros;

- **sintética**. Conjuga tradición y novedad. Presenta una síntesis de los estudios clásicos y modernos sobre la gramática del español;

- **práctica**. Fija un punto de referencia para estudiantes y profesores del español en diversos niveles académicos.

Para adecuarse a las distintas necesidades de sus destinatarios, se presenta en tres versiones:

- *Nueva gramática de la lengua española*. Recoge el texto completo y detallado. Puede usarse como obra de consulta general y como texto de estudio en la universidad.

- *Manual*. Un volumen de 750 páginas, conciso y didáctico, dirigido especialmente a los profesores y estudiantes de español en los niveles no universitarios y a todos los hispanohablantes de nivel culto medio.

- *Gramática básica*. Un volumen de 250 páginas, pensado para el gran público y fácilmente adaptable al ámbito escolar, que presenta, muy simplificados, los conceptos fundamentales.

Gramática y diccionarios de la RAE

Lee el siguiente texto, busca en el diccionario las palabras que no comprendas, haz un resumen y cuenta a tus compañeros, con tus palabras, la información que consideres más importante.

Diccionario de la lengua española - Vigésima segunda edición (2001)

Las lenguas cambian continuamente, sobre todo su componente léxico. Por ello los diccionarios nunca están terminados: son una obra viva que intenta reflejar las nuevas formas y los cambios de significado de otras.

La Real Academia Española y las veintiuna Academias que con ella integran la Asociación de Academias de la Lengua Española trabajan conjuntamente al servicio de la unidad del idioma tratando de mejorar y actualizar un diccionario de carácter panhispánico.

Hasta hace poco tiempo, la edición en forma de libro constituía la única posibilidad de transmisión. Los recursos electrónicos de que hoy disponemos hacen posible un modo diferente de actuación. Los hispanohablantes que accedan a su página electrónica (http://buscon.rae.es/drael/) podrán disponer del documento que contiene el texto de la última edición en papel –en este caso, la vigésima segunda, de 2001– y, al tiempo, el conjunto de modificaciones aprobadas. Los dos documentos están claramente separados (22.ª edición de 2001 y Avance de la 23.ª edición). Los consultantes acceden inicialmente a la vigésima segunda edición y, en los casos en que se añada un nuevo registro o un artículo haya sido modificado, verán en la pantalla un aviso que les llevará a la nueva versión.

Gramática y diccionarios de la RAE

Lee el siguiente texto, busca en el diccionario las palabras que no comprendas, haz un resumen y cuenta a tus compañeros, con tus palabras, la información que consideres más importante.

Diccionario panhispánico de dudas - Primera edición (2001)

El *Diccionario panhispánico de dudas* es un instrumento eficaz para todas aquellas personas interesadas en mejorar su conocimiento y dominio de la lengua española. En él se responde a las dudas más habituales sobre el uso del español en cada uno de los siguientes niveles: el fonográfico, pues resuelve dudas de tipo ortológico (sobre pronunciación) y ortográfico (sobre grafías, acentuación y puntuación); el morfológico (plurales, femeninos y formas derivadas, formas de la conjugación); el sintáctico (construcción de frases, concordancias, forma y uso de locuciones, etc.) y el léxico-semántico (incorrecciones de léxico y uso de neologismos y extranjerismos).

Se dirige tanto a quienes buscan resolver con rapidez una duda concreta y, por consiguiente, están solo interesados en obtener una recomendación de buen uso, como a quienes desean conocer los argumentos que justifican esas recomendaciones. Cada lector obtendrá, pues, una respuesta adecuada a sus intereses, particulares o profesionales, y a su nivel de preparación lingüística. Y se puede acceder a él a través de libro o de su página web:

(http://buscon.rae.es/dpdI/html/cabecera.htm)

Es un diccionario normativo en la medida en que sus juicios y recomendaciones están basados en la norma que regula hoy el uso correcto de la lengua española.

Esta obra consta de varias partes:

- El diccionario propiamente dicho, formado por las distintas entradas ordenadas alfabéticamente.

- Un conjunto de cinco apéndices, con el contenido siguiente:
  Apéndice 1: Modelos de conjugación verbal.
  Apéndice 2: Lista de abreviaturas.
  Apéndice 3: Lista de símbolos alfabetizables (por ejemplo, N, S, E y O para los puntos cardinales).
  Apéndice 4: Lista de símbolos o signos no alfabetizables (por ejemplo ©).
  Apéndice 5: Lista de países y capitales, con sus gentilicios.

- Un glosario de términos lingüísticos o gramaticales.

La jornada laboral

1. 🔊 [14] **¿Qué sabes sobre las condiciones de trabajo en España? Escucha a un español que nos da información sobre este tema y completa este esquema.**

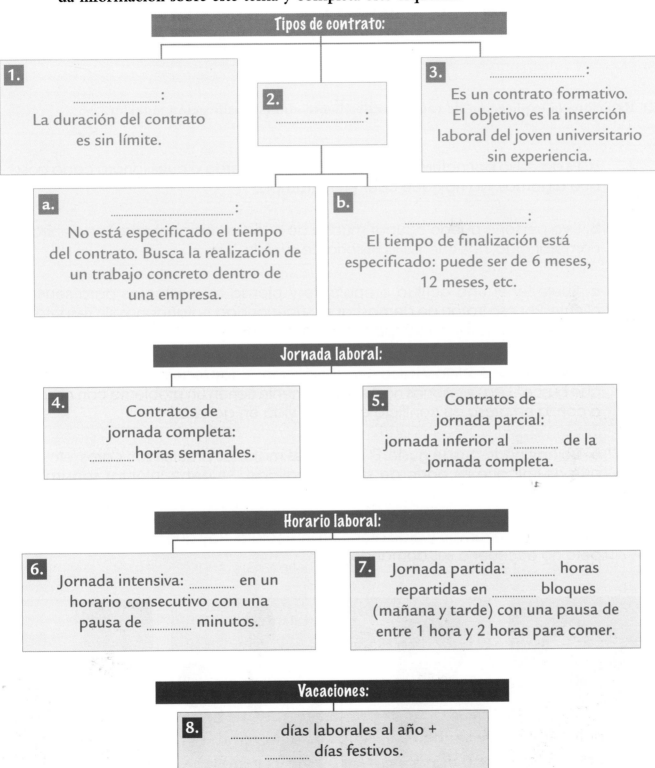

Tipos de contrato:

1. .... :
La duración del contrato es sin límite.

2. .... :

3. .... :
Es un contrato formativo. El objetivo es la inserción laboral del joven universitario sin experiencia.

a. .... :
No está especificado el tiempo del contrato. Busca la realización de un trabajo concreto dentro de una empresa.

b. .... :
El tiempo de finalización está especificado: puede ser de 6 meses, 12 meses, etc.

Jornada laboral:

4. Contratos de jornada completa: .... horas semanales.

5. Contratos de jornada parcial: jornada inferior al .... de la jornada completa.

Horario laboral:

6. Jornada intensiva: .... en un horario consecutivo con una pausa de .... minutos.

7. Jornada partida: .... horas repartidas en .... bloques (mañana y tarde) con una pausa de entre 1 hora y 2 horas para comer.

Vacaciones:

8. .... días laborales al año + ... días festivos.

2. **Piensa en las diferencias que hay con tu país y coméntalo con la clase. ¿En qué país se parecen más a España las condiciones laborales?**

En mi país el tiempo de vacaciones es diferente, depende de la antigüedad en el trabajo...

Tipos de clientes

1. Mira la siguiente clasificación de tipos de clientes: ¿puedes describir su forma de ser y de actuar? Pon ejemplos. Trabaja con tu compañero.

1. cliente discutidor   **3.** cliente infeliz   **5.** cliente exigente

2. cliente quejica   **4.** cliente ofensivo   **6.** cliente conversador

2. Relaciona la explicación de cada tipo de cliente con la clasificación anterior.

☐ **a.** Es agresivo por naturaleza y no estará de acuerdo o cuestionará cada cosa que digamos. No hay que caer en la trampa.

☐ **b.** Esta persona puede ocupar mucho de nuestro tiempo. Además de entrar a comprar algo, nos cuenta la historia de su vida.

☐ **c.** Suele tener una actitud prepotente y piensa que estamos para servir al cliente. Por eso tratan de demostrar su superioridad tratándonos sin respeto. Lo mejor es ser amables, excepcionalmente amables.

☐ **d.** Entra en un negocio y hace esta afirmación: "Estoy seguro de que no tienen lo que busco". Estas personas no necesariamente tienen un problema con nosotros o con la empresa, su conflicto es con la vida en general.

☐ **e.** No hay nada que le guste. El servicio es malo, los precios son caros, etc. Hay que asumir que es parte de su personalidad. Se debe intentar separar las quejas reales de las falsas.

☐ **f.** Es el que interrumpe y pide atención inmediata. Hay que tratarlo con respeto, pero no acceder a sus demandas.

2.1. ¿Te sientes identificado con alguno?

Adivinamos

Mañana me quedaré todo el día tumbado en el sofá.

Pasado mañana me compraré una moto.

Dentro de dos años iré de vacaciones a Egipto.

Dentro de seis semanas me casaré.

En 2014 seré el jefe de mi empresa.

El mes que viene haré una fiesta en mi casa.

El síndrome de Peter Pan

1.

Aunque no quieren comprometerse, siempre tienen a su lado a una persona que les cuida y les da cariño; reciben, pero no dan.

2.

Son muy buenos profesionales, pero en el fondo son inseguros y no encuentran la estabilidad. A pesar de esto, no hacen nada para buscar una solución.

3.

Treintañeros y cuarentones que siguen viviendo en casa de sus padres porque así tienen siempre un plato de comida en la mesa y la ropa planchada y lavada.

4.

Son egocéntricos, en el mundo no hay más problemas que los suyos.

5.

Oyen la palabra compromiso y salen corriendo, las relaciones estables les dan alergia.

6.

Ellas buscan amores imposibles y ellos mujeres más jóvenes, es decir parejas que no se plantean tener hijos.

7.

Viven como adolescentes, no admiten que nadie les obligue a hacer nada el domingo por la mañana. El sábado por la noche están en los bares de moda como hacían cuando tenían veinte años.

Diálogos cotidianos

1. Por teléfono:

▶ ¡Oye, ¿cuándo vamos a ir a comer a ese sitio tan fantástico que nos recomendaron?

▶ Sí, sí, es verdad. En cuanto acabe el curso que estoy haciendo, te llamo y quedamos.

▶ Vale, cuando quieras... Pero avísame con tiempo. Ya sabes que yo también estoy muy liado.

2. En la oficina:

▶ ¿Está David por aquí?

▶ Sí, estaba aquí hace un momento pero... ¿Dónde vas? Espera dos minutos que no creo que tarde. Habrá ido al servicio...

▶ Cuando lo veas, dile que se pase por mi despacho que tengo una cosa que decirle.

3. Dos amigas:

▶ En cuanto llegue a casa, tiro estos zapatos a la basura...

▶ ¿Te hacen daño?

▶ No, qué va, voy comodísima con ellos, pero son del año pasado y siento que todo el mundo me mira por la calle.

▶ ¡Qué exagerada eres!

4. En casa, un matrimonio:

▶ En mi departamento ya han puesto el *planning* para que apuntemos cuándo queremos las vacaciones. ¿Tú ya sabes cuándo podrás cogerlas?

▶ Ni idea, ya sabes que el verano es una época fuerte en mi oficina... No sé, a lo mejor puedo escaparme unos días a finales de septiembre, pero ya veremos...

▶ Bueno pues cuando lo sepas, dímelo...

Cuando sea vieja

Grupo 1

morado	pegará	pensión	me maquillaré
chillones	engordar	impuestos	protegerme

Grupo 2

morado	pegará	pensión	me maquillaré
chillones	engordar	impuestos	protegerme

1. Color entre rojo y azul.	**2.** El dinero que hay que pagar al Estado.
3. Combinar colores, tipo de ropa...	**4.** Evitar mojarse.
5. Dinero que el Estado paga a las personas jubiladas.	**6.** Aumentar kilos.
7. Colores muy fuertes.	**8.** Utilizar cosméticos para pintarse la cara.

Perfiles

a. No me gusta dar opiniones influido por los sentimientos.	**b. Tengo capacidad de** comunicación y me desenvuelvo con facilidad en las reuniones.
c. Se me da bien encontrar el equilibrio entre los aspectos positivos y negativos de los problemas.	**d.** Me encanta trabajar en equipo. Me gusta relacionarme con la gente de otros departamentos.
e. Me gusta trabajar hasta conseguir el éxito de lo que estoy realizando.	**f.** Me gusta pensar en las razones y las causas y buscar posibles explicaciones.
g. Soy constante en el trabajo y firme en mis decisiones. **Me cuesta** cambiar de idea.	**h. Se me da bien** la reflexión sobre el alcance de las decisiones que tomo.
i. Tengo facilidad para hacer esquemas y listas de las tareas y trabajos.	**j. Me cuesta** pensar y desarrollar ideas en grupo.
k. No me gusta improvisar, prefiero tener todo ordenado y claro.	**l.** Me gusta pensar en las cosas que pueden gustar a los demás e intento hacerlas.
m. Tengo capacidad para crear ideas originales.	**n. Tengo capacidad para** fijarme en las pequeñas cosas que pueden mejorar o deslucir un trabajo.
ñ. Me encanta crear ideas y solucionar los problemas con ingenio.	**o.** Me gusta dejarme llevar por la primera impresión.
p. Se me da bien interpretar miradas, tonos de voz…	**q. No me cuestan** los proyectos innovadores.
r. Me gusta aceptar retos en los que pueda demostrar mis capacidades.	**s.** Me gusta arriesgarme y empezar proyectos nuevos.
t. Tengo facilidad para pensar en acciones que pueden hacer a una empresa o un trabajo diferenciarse de otras.	**u.** Me gusta buscar las razones y pensar en las consecuencias de una acción.
v. Se me dan bien los trabajos que requieren mucho tiempo y calma para hacerlos.	**w. Tengo capacidad para** establecer listas en forma de ventajas e inconvenientes.
x. Tengo facilidad para medirme con los demás y afrontar los retos.	**y.** Prefiero trabajar solo; el trabajo en equipo me gusta solo para la puesta en común de ideas.

Memory de personalidad

COMUNICATIVO/A	No le cuesta hablar con gente que no conoce.
PERSISTENTE	No le cuesta trabajar el tiempo que sea necesario hasta conseguir el objetivo.
METÓDICO/A	Le cuesta trabajar cuando no hay un plan establecido.
IMAGINATIVO/A	No le gusta trabajar con ideas repetidas y aburridas.
EMPRENDEDOR/A	Le gustan los trabajos en los que se tienen que tomar decisiones arriesgadas.
INDIVIDUALISTA	No se le da bien trabajar en equipo.
INTUITIVO/A	Le gusta dejarse llevar por sus sensaciones.
COMPETITIVO/A	Le gusta observar los logros de sus compañeros para intentar hacerlo mejor.
PACIENTE	Se le dan bien los trabajos que necesitan mucho tiempo para realizarlos.
OBJETIVO/A	Tiene facilidad para observar tanto los puntos positivos como los negativos.

¿Somos o estamos?

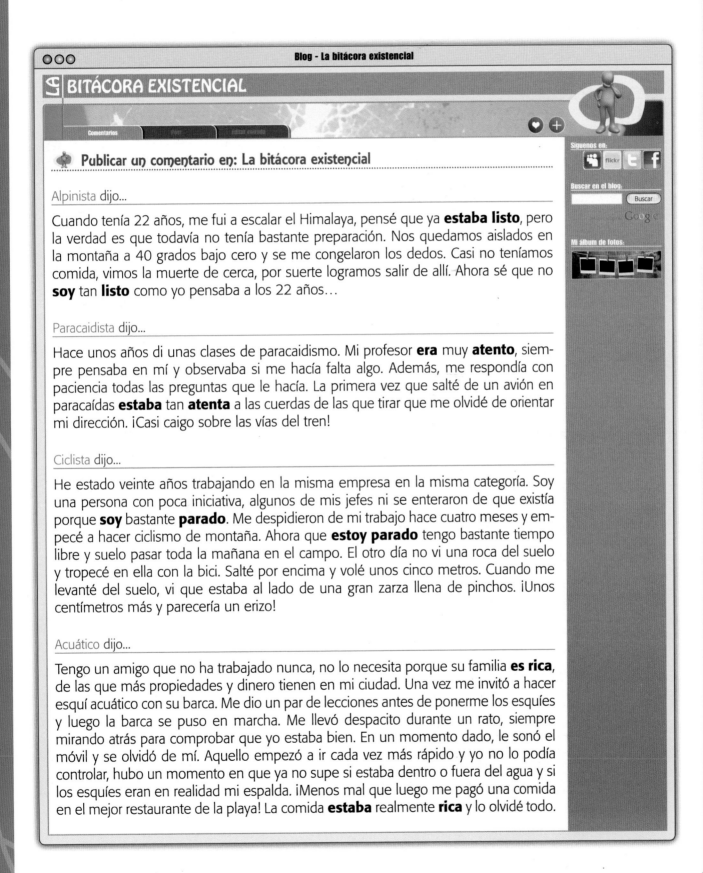

Blog - La bitácora existencial

BITÁCORA EXISTENCIAL

Comentarios

🐢 Publicar un comentario en: La bitácora existencial

Alpinista dijo...

Cuando tenía 22 años, me fui a escalar el Himalaya, pensé que ya **estaba listo**, pero la verdad es que todavía no tenía bastante preparación. Nos quedamos aislados en la montaña a 40 grados bajo cero y se me congelaron los dedos. Casi no teníamos comida, vimos la muerte de cerca, por suerte logramos salir de allí. Ahora sé que no **soy** tan **listo** como yo pensaba a los 22 años...

Paracaidista dijo...

Hace unos años di unas clases de paracaidismo. Mi profesor **era** muy **atento**, siempre pensaba en mí y observaba si me hacía falta algo. Además, me respondía con paciencia todas las preguntas que le hacía. La primera vez que salté de un avión en paracaídas **estaba** tan **atenta** a las cuerdas de las que tirar que me olvidé de orientar mi dirección. ¡Casi caigo sobre las vías del tren!

Ciclista dijo...

He estado veinte años trabajando en la misma empresa en la misma categoría. Soy una persona con poca iniciativa, algunos de mis jefes ni se enteraron de que existía porque **soy** bastante **parado**. Me despidieron de mi trabajo hace cuatro meses y empecé a hacer ciclismo de montaña. Ahora que **estoy parado** tengo bastante tiempo libre y suelo pasar toda la mañana en el campo. El otro día no vi una roca del suelo y tropecé en ella con la bici. Salté por encima y volé unos cinco metros. Cuando me levanté del suelo, vi que estaba al lado de una gran zarza llena de pinchos. ¡Unos centímetros más y parecería un erizo!

Acuático dijo...

Tengo un amigo que no ha trabajado nunca, no lo necesita porque su familia **es rica**, de las que más propiedades y dinero tienen en mi ciudad. Una vez me invitó a hacer esquí acuático con su barca. Me dio un par de lecciones antes de ponerme los esquíes y luego la barca se puso en marcha. Me llevó despacito durante un rato, siempre mirando atrás para comprobar que yo estaba bien. En un momento dado, le sonó el móvil y se olvidó de mí. Aquello empezó a ir cada vez más rápido y yo no lo podía controlar, hubo un momento en que ya no supe si estaba dentro o fuera del agua y si los esquíes eran en realidad mi espalda. ¡Menos mal que luego me pagó una comida en el mejor restaurante de la playa! La comida **estaba** realmente **rica** y lo olvidé todo.

Síguenos en:

Buscar en el blog:

Buscar

Google

Mi álbum de fotos:

UNIDAD 5 - Ficha 23B

¿Somos o estamos?

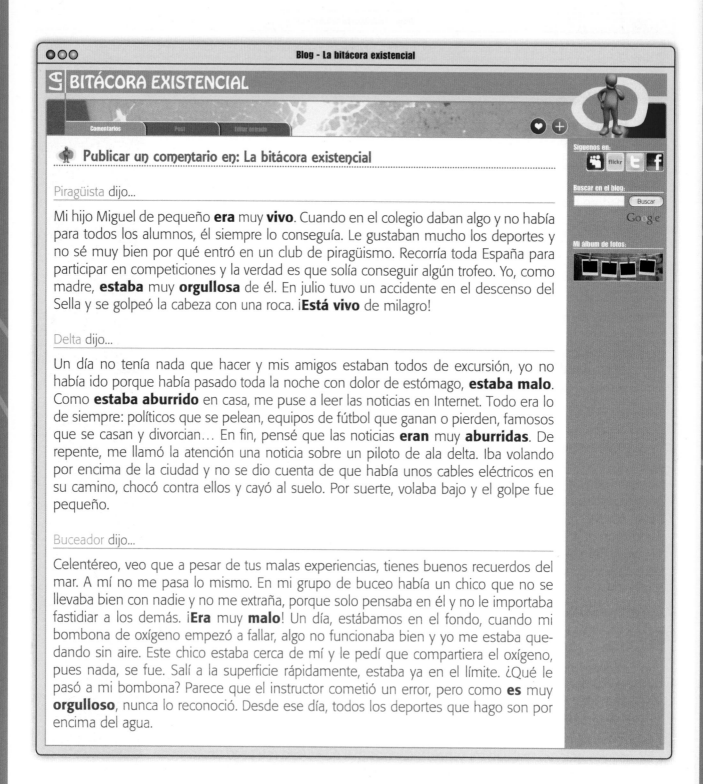

Blog - La bitácora existencial

BITÁCORA EXISTENCIAL

Comentarios | Post | Editar entrada

👤 Publicar un comentario en: La bitácora existencial

Piragüista dijo...

Mi hijo Miguel de pequeño **era** muy **vivo**. Cuando en el colegio daban algo y no había para todos los alumnos, él siempre lo conseguía. Le gustaban mucho los deportes y no sé muy bien por qué entró en un club de piragüismo. Recorría toda España para participar en competiciones y la verdad es que solía conseguir algún trofeo. Yo, como madre, **estaba** muy **orgullosa** de él. En julio tuvo un accidente en el descenso del Sella y se golpeó la cabeza con una roca. ¡**Está vivo** de milagro!

Delta dijo...

Un día no tenía nada que hacer y mis amigos estaban todos de excursión, yo no había ido porque había pasado toda la noche con dolor de estómago, **estaba malo**. Como **estaba aburrido** en casa, me puse a leer las noticias en Internet. Todo era lo de siempre: políticos que se pelean, equipos de fútbol que ganan o pierden, famosos que se casan y divorcian… En fin, pensé que las noticias **eran** muy **aburridas**. De repente, me llamó la atención una noticia sobre un piloto de ala delta. Iba volando por encima de la ciudad y no se dio cuenta de que había unos cables eléctricos en su camino, chocó contra ellos y cayó al suelo. Por suerte, volaba bajo y el golpe fue pequeño.

Buceador dijo...

Celentéreo, veo que a pesar de tus malas experiencias, tienes buenos recuerdos del mar. A mí no me pasa lo mismo. En mi grupo de buceo había un chico que no se llevaba bien con nadie y no me extraña, porque solo pensaba en él y no le importaba fastidiar a los demás. ¡**Era** muy **malo**! Un día, estábamos en el fondo, cuando mi bombona de oxígeno empezó a fallar, algo no funcionaba bien y yo me estaba quedando sin aire. Este chico estaba cerca de mí y le pedí que compartiera el oxígeno, pues nada, se fue. Salí a la superficie rápidamente, estaba ya en el límite. ¿Qué le pasó a mi bombona? Parece que el instructor cometió un error, pero como **es** muy **orgulloso**, nunca lo reconoció. Desde ese día, todos los deportes que hago son por encima del agua.

Siguenos en:

Buscar en el blog:

Buscar

Google

Mi álbum de fotos:

¿Somos o estamos?

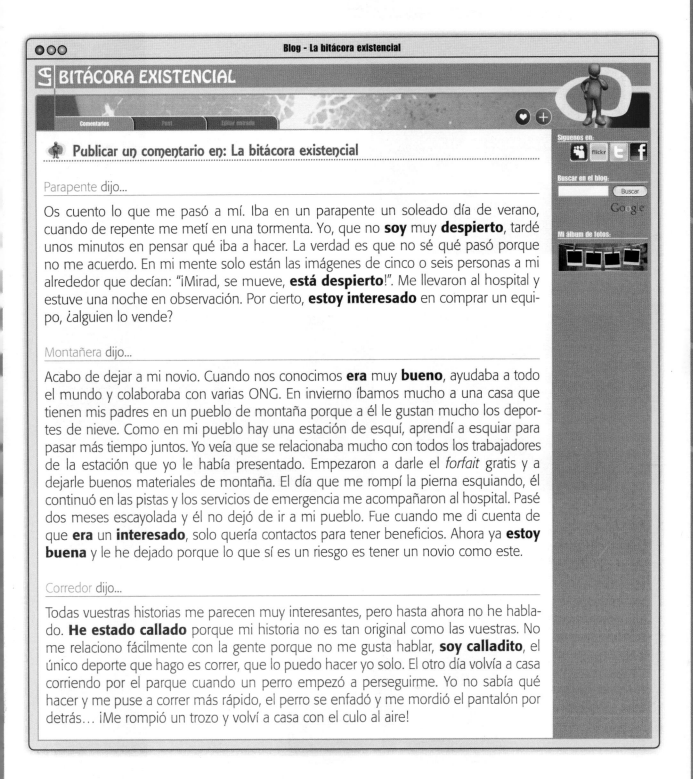

Blog - La bitácora existencial

LA BITÁCORA EXISTENCIAL

Comentarios | Post | Editar entrada

👤 Publicar un comentario en: La bitácora existencial

Síguenos en:

Buscar en el blog:
Buscar
Google

Mi álbum de fotos:

Parapente dijo...

Os cuento lo que me pasó a mí. Iba en un parapente un soleado día de verano, cuando de repente me metí en una tormenta. Yo, que no **soy** muy **despierto**, tardé unos minutos en pensar qué iba a hacer. La verdad es que no sé qué pasó porque no me acuerdo. En mi mente solo están las imágenes de cinco o seis personas a mi alrededor que decían: "¡Mirad, se mueve, **está despierto**!". Me llevaron al hospital y estuve una noche en observación. Por cierto, **estoy interesado** en comprar un equipo, ¿alguien lo vende?

Montañera dijo...

Acabo de dejar a mi novio. Cuando nos conocimos **era** muy **bueno**, ayudaba a todo el mundo y colaboraba con varias ONG. En invierno íbamos mucho a una casa que tienen mis padres en un pueblo de montaña porque a él le gustan mucho los deportes de nieve. Como en mi pueblo hay una estación de esquí, aprendí a esquiar para pasar más tiempo juntos. Yo veía que se relacionaba mucho con todos los trabajadores de la estación que yo le había presentado. Empezaron a darle el *forfait* gratis y a dejarle buenos materiales de montaña. El día que me rompí la pierna esquiando, él continuó en las pistas y los servicios de emergencia me acompañaron al hospital. Pasé dos meses escayolada y él no dejó de ir a mi pueblo. Fue cuando me di cuenta de que **era** un **interesado**, solo quería contactos para tener beneficios. Ahora ya **estoy buena** y le he dejado porque lo que sí es un riesgo es tener un novio como este.

Corredor dijo...

Todas vuestras historias me parecen muy interesantes, pero hasta ahora no he hablado. **He estado callado** porque mi historia no es tan original como las vuestras. No me relaciono fácilmente con la gente porque no me gusta hablar, **soy calladito**, el único deporte que hago es correr, que lo puedo hacer yo solo. El otro día volvía a casa corriendo por el parque cuando un perro empezó a perseguirme. Yo no sabía qué hacer y me puse a correr más rápido, el perro se enfadó y me mordió el pantalón por detrás… ¡Me rompió un trozo y volví a casa con el culo al aire!

Ángel Azul

BITÁCORA SENTIMENTAL

Comentarios | Post | Editar entrada

Perfil de Ángel Azul

Jueves, 15 de marzo

Información básica

Fecha de nacimiento:
20 de mayo de 1973

Ciudad de origen:
Teruel (España)

Situación sentimental:
casada

Me interesa:
mi familia, la paz en el mundo, el amor universal…, y todas estas cosas.

Mi álbum de fotos

- Navidades -

Mi sobrina Andrea con su padre, mi hermano. Una navidad en casa disfrazada de angelito para una obra de teatro que yo había preparado.

- Amistades -

Mi marido con sus compañeras de trabajo… Todas mujeres, yo incluida, que estoy haciendo la foto.

- Deporte -

Lo único que me gusta del invierno.

Comenta: Ángel Azul

Síguenos en:
flickr

Buscar en el blog:
Buscar

Mi álbum de fotos:

Edi numen

Tres sombreros de copa

Dionisio y Don Rosario

teléfono

se acueste usted con nosotros

calefacción

moscas

meta usted botellas de agua caliente en la cama

besos

Tres sombreros de copa de Miguel Mihura

DIONISIO: Hace siete años que vengo a este hotel y cada año encuentro una nueva mejora. Primero quitó usted las (1) moscas de la cocina y se las llevó al comedor. Después las quitó usted del comedor y se las llevó a la sala. Y otro día las sacó usted de la sala y se las llevó de paseo, al campo, en donde, por fin, las pudo usted dar esquinazo... ¡Fue magnífico! Luego puso usted la (2) calefacción. (...) Ahora el (3) teléfono... De una fonda de segundo orden ha hecho usted un hotel confortable... Y los precios siguen siendo económicos... ¡Esto supone la ruina, Don Rosario...!

DON ROSARIO: Ya me conoce usted, don Dionisio. No lo puedo remediar. Soy así. Todo me parece poco para mis huéspedes de mi alma...

DIONISIO: Pero, sin embargo, exagera usted... No está bien que cuando hace frío nos (4) meta usted botellas de agua caliente en la cama; ni que cuando estamos constipados (5) se acueste usted con nosotros para darnos más calor y sudar; ni que nos dé usted (6) besos cuando nos marchamos de viaje. (...) ¡Es ya demasiada bondad...! ¡Abusan de usted...!

Edinumen

¿Qué sentimiento?

1.

2.

3.

4.

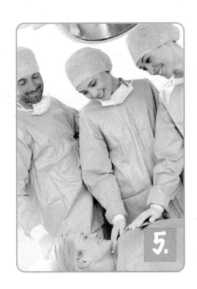

5.

6.

7.

8.

9.

10.

Diálogos

Diálogo 1

► Bueno, entonces, ¿quieres un café?

► Que ya te he dicho que sí.

Diálogo 2

► Has comprado el pan?

► ¡Anda!, se me ha olvidado.

► Y ahora, ¿qué hacemos?

Diálogo 3

► ¡Corre! ¡Que viene el autobús!

► No puedo más…, que se vaya.

ETAPA 8. Nivel B1.3 | Material para transparencia 5 | Unidad I • Actividad extra.

Edi numen

© Editorial Edinumen

Concurso de sentimientos

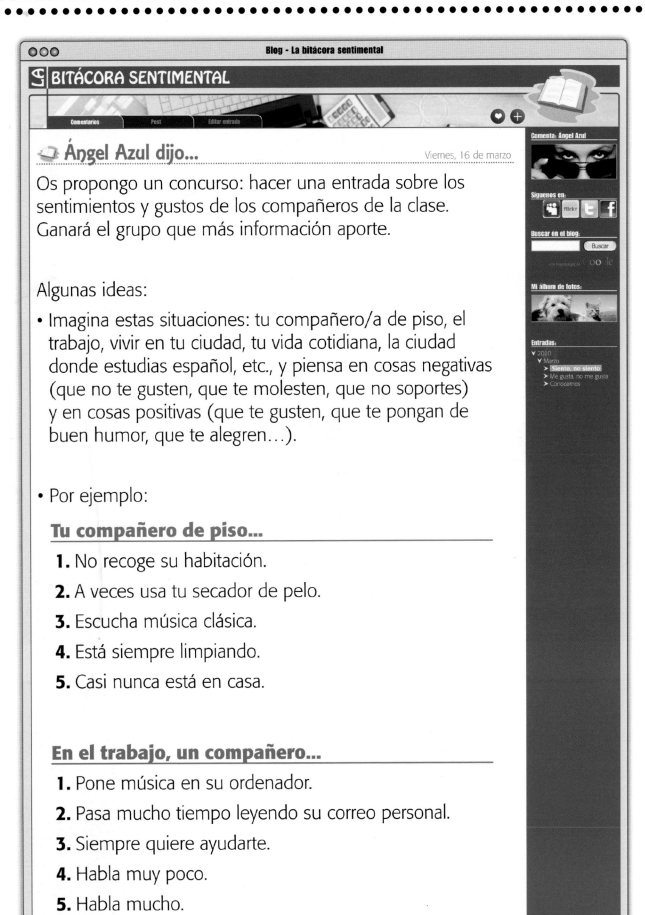

BITÁCORA SENTIMENTAL

Comentarios | Post | Editar entrada

Ángel Azul dijo...

Viernes, 16 de marzo

Os propongo un concurso: hacer una entrada sobre los sentimientos y gustos de los compañeros de la clase. Ganará el grupo que más información aporte.

Algunas ideas:

- Imagina estas situaciones: tu compañero/a de piso, el trabajo, vivir en tu ciudad, tu vida cotidiana, la ciudad donde estudias español, etc., y piensa en cosas negativas (que no te gusten, que te molesten, que no soportes) y en cosas positivas (que te gusten, que te pongan de buen humor, que te alegren…).

- Por ejemplo:

Tu compañero de piso...

1. No recoge su habitación.
2. A veces usa tu secador de pelo.
3. Escucha música clásica.
4. Está siempre limpiando.
5. Casi nunca está en casa.

En el trabajo, un compañero...

1. Pone música en su ordenador.
2. Pasa mucho tiempo leyendo su correo personal.
3. Siempre quiere ayudarte.
4. Habla muy poco.
5. Habla mucho.

Comenta: Ángel Azul

Síguenos en:

flickr

Buscar en el blog:

Buscar

Mi álbum de fotos:

Entradas:
▼ 2010
  ▼ Marzo
    ➤ Siento, no siento
    ➤ Me gusta, no me gusta
    ➤ Conocernos

Edi numen

Carena y sus problemas

ETAPA 8. Nivel B1.3 | Material para transparencia 7 | Unidad I • Actividad 3.I.

© Editorial Edinumen

Redes de estudiantes

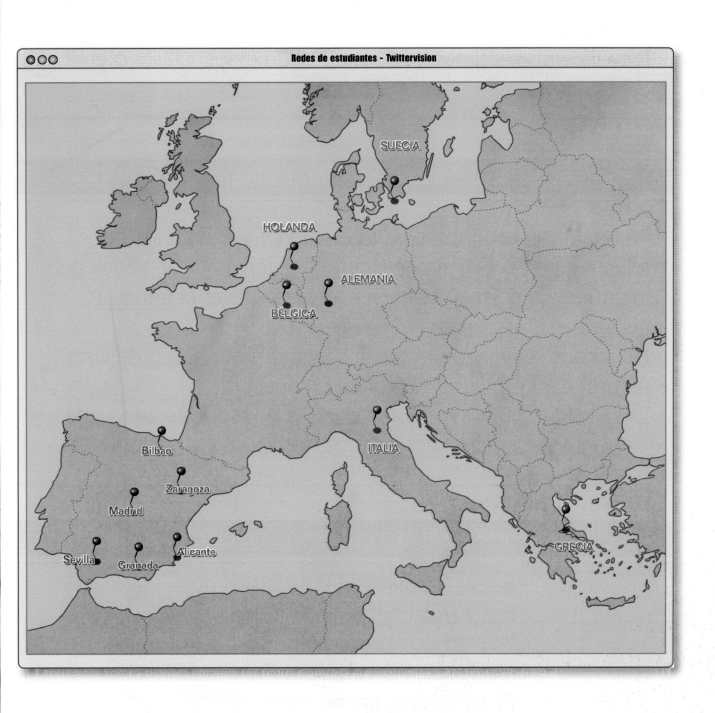

Redes de estudiantes - Twittervision

SUECIA

HOLANDA

ALEMANIA

BÉLGICA

ITALIA

GRECIA

Bilbao

Zaragoza

Madrid

Sevilla   Granada   Alicante

Recomendaciones para hacer un debate

Para preparar un debate

- Elige el grupo en el que quieres participar: a favor o en contra.
- Infórmate bien sobre el tema de debate.
- Prepara el material necesario y tus argumentos a favor o en contra.

Para realizar un debate

- Sé breve y claro al expresar tu opinión. Escucha a los otros y sé tolerante con sus opiniones, pero si quieres hablar, tienes que interrumpir. En España rara vez te van a ceder el turno de palabra.
- Habla con seguridad y expresa claramente tu punto de vista.
- Argumenta tus críticas, haz otras propuestas.
- Escucha con atención para poder dar la respuesta adecuada.
- Deja intervenir a los demás y evita los gritos para interrumpir.

Expresiones para expresar y argumentar tus ideas

- Bueno, depende, la verdad es que…
- Estoy (totalmente) de acuerdo contigo.
- Yo creo que no/sí, pero…
- Me gustaría decir algo…
- Sí, es verdad, tienes razón.
- Escúchame un momento.
- (Pues) yo no lo veo así.
- Perdona, pero déjame terminar.

Atención al cliente

Edi
numen

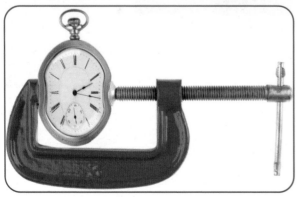